以工作过程为导向的中高职衔接课程改革实验项目

高等职业教育学前教育专业规划教材

幼儿园管理

主　编　赵　辉　徐朝霞

参　编　李亚东

机械工业出版社

本书是以工作过程为导向的中高职衔接课程改革实验项目学前教育专业高职部分的一本教材。全书以培养学前教育专业从业人员的职业能力为切入点，以任务驱动的教学理念为指引。全书分为六个单元，即体验幼儿园岗位分析、体验幼儿园环境安全管理、体验幼儿园人身安全管理、参与幼儿园团队文化建设、协调与配合家园共育工作、协助与参与外联工作。书中任务的设置既符合高职学生的认知水平和能力特点，又能体现职业情境，使学生获得职业角色体验，体现了由理论学习到实际操作再到反思评价、以工作过程为导向的课程改革特点。

本书可以作为高等职业学校学前教育专业教学用书，也可作为学前教育领域从业人员的参考用书和培训用书。

图书在版编目（CIP）数据

幼儿园管理/赵辉，徐朝霞主编．—北京：机械工业出版社，2015.9

高等职业教育学前教育专业规划教材

ISBN 978-7-111-51364-3

Ⅰ．①幼…　Ⅱ．①赵…　②徐…　Ⅲ．①幼儿园—管理—高等职业教育—教材　Ⅳ．①G617

中国版本图书馆CIP数据核字（2015）第197032号

机械工业出版社（北京市百万庄大街22号　邮政编码100037）

策划编辑：聂志磊　　责任编辑：聂志磊

责任校对：王　欣　　封面设计：路恩中

责任印制：李　洋

涿州市京南印刷厂印刷

2015年9月第1版第1次印刷

184mm×260mm · 10.25印张 · 245千字

标准书号：ISBN 978-7-111-51364-3

定价：34.00元

北京市海淀区学前教育专业工作过程导向中高职衔接课程教材编写委员会

高职组教材编写委员会

编写说明

为了更好地满足北京市特别是海淀区经济社会发展对学前教育专业人才的需求，增强学前教育专业对区域经济和社会发展的服务能力，北京市海淀区教育委员会在广泛调研的基础上，深入贯彻落实《国务院关于大力发展职业教育的决定》及《北京市人民政府关于大力发展职业教育的决定》文件精神，于2011年启动了“海淀区学前教育专业以工作过程为导向的中高职衔接课程改革实验项目”，旨在探索以工作过程为导向的课程开发模式，构建理论实践一体化、与职业资格标准相融合，具有首都特色、职教特点的学前教育专业中高职衔接课程体系和课程实施、评价及管理的有效途径和方法，不断提高学前教育专业人才培养质量，为海淀区经济社会发展和中关村国家自主创新示范区核心区建设以及人民群众生活更加和谐幸福提供优质服务。

历时四年，在北京市海淀区教育委员会的领导及北京市海淀区职业技术教育中心的指导和组织下，学前教育专业以工作过程为导向的中高职衔接课程改革课程开发项目组学习、借鉴北京市中等职业学校课程改革理念，与企业合作共同构建了对接岗位需求和职业标准，以学生为主体、以综合职业能力培养为核心，理论实践一体化的中高职衔接课程体系，开发了学前教育专业以工作过程为导向的中高职衔接课程教学指导方案及26门专业核心课程标准，对九组（20门）课程进行了中高职衔接，并在中、高职学校进行了改革实践，在课程设计、资源建设、课程实施、学业评价、教学管理等多方面取得了丰硕的成果。

为了进一步深化和推动学前教育专业课程改革，推广课改成果，北京市海淀区教育委员会组建了教材编写委员会和课程改革专家指导组，在专家和出版社编辑的指导下有计划、按步骤、保质量地完成了教材编写工作。

本套教材在编写过程中，得到了北京市海淀区教育委员会领导的大力支持，得到了参与课程改革实验项目学校领导和教师的积极参与，得到了企业专家和课程改革专家的全力帮助，得到了出版社领导和编辑的大力配合，在此一并表示感谢。

希望本套教材能为海淀区推进学前教育专业中高职衔接课程改革提供有益的服务与支撑，也恳请广大教师、专家批评指正，以利进一步完善。

北京市海淀区职业技术教育中心

二〇一五年五月

幼儿园是一个特殊的教育机构，它承载着家庭的梦想、国家的希望；它承载着家长的信任、孩子的健康发展。幼儿园正常运转离不开科学有效的管理。管理就是要让一个群体在正确方向的指引下，根据做事的标准，按照具体的流程与方法，完成一个共同的工作目标。管理不仅要有大方向，还要有具体可行的分阶段目标，让大家充满希望。幼儿园管理涉及的内容比较宽泛，既要管好人又要管好物，物又是由人来管理的。由于幼儿园人群的特殊性，管理中的组织协调与控制决定了管理的重要性。

“幼儿园管理”课程是由幼儿园教师的典型职业活动直接转化而来的专业核心课程。与该课程对应的本书内容直接与工作岗位对接，帮助学生了解和掌握幼儿园班级管理和园所管理的一般方法，重点体验幼儿园岗位分析、安全管理、团队文化建设、家园共育以及幼儿园外联工作。本书突出实践性和应用性，可采用多元化教学方法，旨在帮助学生树立正确的管理思想和管理观念，提升学生对幼儿园管理活动目标、内容、方法的领会和理解，帮助学生了解幼儿园管理方面的一般理论，并形成科学的管理方法。

本书的突出特色是以工作过程为导向，教材编写注重体现工作过程导向课程改革核心内容，突出体现工作流程、做中学、学中做，有助于学生自主学习和教师实施课堂教学。本书对幼儿园管理的核心要点及操作方法进行了系统的描述与介绍，详细阐述了各种管理理念的具体操作方式，并引用大量的示例说明管理方法在实践中的运用。通过完成典型的任务，使学生了解幼儿园管理的基本理念，熟练掌握具体的工作流程和方法，培养分析问题和解决问题的能力，提高幼儿园管理的理论高度和实际操作水平。

本书内容是根据学生毕业后参与幼儿园班级管理和园所管理的相关程度，以及目前幼儿园管理的重要性而定的，并层层深入：从岗位分析到深层文化建设的管理；从教师职工管理到家长管理；从幼儿园内部管理到与幼儿园外联机构的协调。单元设计符合学生的认知规律，单元排序遵循从简单到复杂、从显性到隐性、从内部到外联的设计思路。单元之下的任务遵循由简到繁、由易到难、由单一到综合的排列原则，既有设计与撰写任务，也有演练与实操任务。每个任务都包含学习目标、任务描述、任务分析、知识准备、任务实施、任务评价和任务小结七个环节。

本书建议每周安排8学时，共计64学时，具体分配如下：

单元名称	任务名称	建议学时	项目合计学时
学习单元一 体验幼儿园岗位分析	任务一　制作幼儿园组织结构图	2	10
	任务二　制定幼儿园保教主任的职责	2	
	任务三　设计主班教师一日工作流程	2	
	任务四　制订园长的月工作计划	2	
	任务五　撰写主班教师班级管理工作日志	2	
学习单元二 体验幼儿园环境安全管理	任务一　检查幼儿园班级活动用房的安全	4	16
	任务二　检查幼儿园户外活动设施的安全	3	
	任务三　撰写幼儿园周边环境的安全报告	3	
	任务四　消毒幼儿园班级用具	6	
学习单元三 体验幼儿园人身安全管理	任务一　演练幼儿园幼儿意外跌倒的处理	3	16
	任务二　演练幼儿园地震的逃生组织	3	
	任务三　演练幼儿园火灾的逃生组织	5	
	任务四　制订幼儿园一周食谱的采买计划	5	
学习单元四 参与幼儿园团队文化建设	任务一　设计幼儿园招生简章	3	10
	任务二　撰写幼儿园团队文化建设的报告	4	
	任务三　设计幼儿园团队文化建设内训方案	3	
学习单元五 协调与配合家园共育工作	任务一　设计幼儿园家园共育活动方案	3	6
	任务二　撰写家长学校工作计划	3	
学习单元六 协助与参与外联工作	任务一　设计幼儿园与社区合作活动方案	3	6
	任务二　协助幼儿园预防传染病流行的外联工作	3	
合计			64

本书由赵辉、徐朝霞担任主编。具体编写分工为：徐朝霞编写了学习单元一、二、三、六，赵辉编写了学习单元五，李亚东协助徐朝霞、赵辉工作并编写了学习单元四。

本书的出版离不开北京市海淀区教委、北京市海淀区职业技术教育中心的思想及理念引导，离不开中关村学院领导及课改团队的持续性支持，离不开北京市课改专家孙雅筠、晋秉筠、潘会云的辛勤指导，在此一并表达诚挚的谢意。

在本书的编写过程中参考、借鉴了有关文献和资料，在此对相关作者表示感谢。

为方便教学，凡选用本书作为教材的教师均可登录机械工业出版社教材服务网（http://www.cmpedu.com）或联系编辑（010-88379196）免费索取课件，同时欢迎广大教师加入学前教育专业教师交流群（QQ群：179444646）分享教学资料和教学经验。

由于水平有限，书中难免有不足之处，恳请同行专家、学者及广大读者批评指正，以求不断改进和完善。

编　者

目录 Contents

编写说明

前言

学习单元一　体验幼儿园岗位分析……1

任务一　制作幼儿园组织结构图……2
任务二　制定幼儿园保教主任的职责……8
任务三　设计主班教师一日工作流程……13
任务四　制订园长的月工作计划……18
任务五　撰写主班教师班级管理工作日志……23
单元检测与练习……28

学习单元二　体验幼儿园环境安全管理……29

任务一　检查幼儿园班级活动用房的安全……30
任务二　检查幼儿园户外活动设施的安全……43
任务三　撰写幼儿园周边环境的安全报告……48
任务四　消毒幼儿园班级用具……52
单元检测与练习……57

学习单元三　体验幼儿园人身安全管理……59

任务一　演练幼儿园幼儿意外跌倒的处理……61
任务二　演练幼儿园地震的逃生组织……66
任务三　演练幼儿园火灾的逃生组织……75
任务四　制订幼儿园一周食谱的采买计划……88
单元检测与练习……97

学习单元四　参与幼儿园团队文化建设……99

任务一　设计幼儿园招生简章……100

任务二 撰写幼儿园团队文化建设的报告 …… 107
任务三 设计幼儿园团队文化建设内训方案 …… 111
单元检测与练习 …… 116

学习单元五 协调与配合家园共育工作 …… 117
任务一 设计幼儿园家园共育活动方案 …… 118
任务二 撰写家长学校工作计划 …… 127
单元检测与练习 …… 135

学习单元六 协助与参与外联工作 …… 137
任务一 设计幼儿园与社区合作活动方案 …… 138
任务二 协助幼儿园预防传染病流行的外联工作 …… 148
单元检测与练习 …… 154

参考文献 …… 155

学习单元一

体验幼儿园岗位分析

单元概述

本单元所讲内容是幼儿园管理的基础。从走进幼儿园的园舍开始，我们要逐步学习幼儿园的组织结构与管理层次、幼儿园的岗位职责、幼儿园园长和主班教师班级管理的主要工作内容等。我们以园长助理和保教主任助理的身份深入幼儿园，了解幼儿园的岗位设置。通过制作幼儿园组织结构图、制定幼儿园保教主任职责、设计主班教师一日工作流程、制订园长的月工作计划以及撰写主班教师班级管理工作日志五个任务，初步了解幼儿园的组织体系、岗位编制及岗位职责和工作流程，基本掌握幼儿园园长和主班教师的工作内容和方法。本单元注重培养学生幼儿园管理的实际能力，为学生今后走上工作岗位奠定坚实的幼儿园管理基础。

作为中等职业教育学前教育专业毕业的学生，虽然已经具备了基本的幼儿教育知识与技能，掌握了一定的具体教学方法，但是缺乏幼儿园管理的实际体验。我们都熟知，一次成功的"六一"儿童节活动包含了方方面面的管理工作：预算与经费、策划与目标、主题与节目等，各个部门都要参与执行。可见，幼儿园管理是有很大学问的，计划与执行是有先有后的，工作是要有分工的。

单元目标

1．具有积极、主动、认真的学习态度以及正确的教育观。
2．了解幼儿园的建筑结构、组织结构以及岗位设置。
3．了解幼儿园岗位的常规工作内容、工作流程及岗位职责。
4．了解幼儿园各岗位间的协调与配合，具有幼儿园的大局观。
5．能制作幼儿园的组织结构图。
6．能制定幼儿园保教主任岗位职责。
7．能设计幼儿园教师一日工作流程。
8．能制订幼儿园园长月工作计划。
9．能撰写幼儿园主班教师班级管理工作日志。

任务一　制作幼儿园组织结构图

学习目标

1．熟悉幼儿园园舍结构。

2．了解幼儿园的编制标准。

3．了解幼儿园的组织结构。

4．掌握计算机制图方法。

任务描述

一所私立幼儿园有9个班级，其中小班3个、中班3个、大班3个。该幼儿园的教育理念和内容以国家规定的五大领域为主线，并增加了蒙台梭利特色教学。该幼儿园坐落于一个地级市的成熟社区，多数家长具有大学学历。幼儿园有园长1名、副园长1名，还有专职保健医1名，班级教师按2教1保配备。班级幼儿人数按小班25人、中班30人、大班35人规定定额。

园长想在办公室挂一张幼儿园组织结构图，以便让所有来参观的领导、来宾和家长一目了然地看到幼儿园部门及岗位的编制状况。你现在是这所幼儿园的园长助理，请你根据国家标准和幼儿园的具体情况，用计算机准确制作出本幼儿园的组织结构图。如果现有的组织结构有不合理的地方，请你说明原因并提交修改方案。

任务分析

参照国家幼儿园编制标准，思考如下主要问题：

1．考虑幼儿园园长的配制。国家要求：3个班及以下的幼儿园设园长1名，4～10个班的幼儿园增设副园长1名，10个班以上的可增设副园长2名。

2．分析该幼儿园目前的规模和可能发展的规模，以及目前幼儿园园长数量与分工。该幼儿园目前已有9个班，还有富余的配套班级活动用房吗？如果有，要考虑按10个班以上进行园长配制。

3．分析该幼儿园的职能管理部门设置是否合理，是否有的工作没有具体落实，存在“三不管地带”现象。除了1名园长和1名保教副园长外，还有其他管理者吗？

4．分析每个部门的管辖范围及部门的岗位编制是否合理。目前尚未配制完整的位置是否要预留？每个人员的具体位置在哪里？

5．分析用哪种计算机软件制作结构图会更方便、容易。

知识准备

一、幼儿园管理的重要性

幼儿园是一个特殊的教育机构，它承载着国家的希望和家庭的梦想；它承载着家长的信任和孩子的健康发展。它与其他教育机构最大的不同是受教育者不是成年的大学生，不是明白事理的中学生，也不是生活能够完全自理的小学生，他们是一群天真烂漫但生活不能自理、还不明事理的幼儿。他们不仅需要教育，还需要保育；他们不仅需要科学的教育课程，还需要合适的并能激发学习兴趣的教学方法。多数幼儿的家长们初为人父人母，教育知识与经验匮乏。

幼儿园工作者是一群以女性为主体的教师。幼儿园是一个“麻雀虽小”但“五脏俱全”的机构，它的服务对象不仅是孩子，更主要的是家长。在现在快节奏、高压力的生活和工作环境下，家长期盼幼儿园能够给他们提供更多的帮助，他们既希望孩子受到好的教育，又希望在饮食上有合理的配餐，利于孩子的健康成长，所以多数幼儿园会提供一日三餐两点的服务。这种服务对象和服务需求的特殊性给幼儿园提出了极高的挑战。要想让幼儿园合理有效地运转，科学的管理是关键。

什么是管理？管理就是要让一个团体在正确方向的指引下，根据做事的标准，按照具体的流程与方法，完成一个共同的目标。所以，管理首先要认清方向，只有方向对了，才能到达目的地。管理还要制定严格的标准、科学的流程，只有标准明确了，才知道怎么干，只有方法合适了，做事才会省时、省力、省财。管理不仅要有大方向，还要有具体可行的分阶段目标，让大家时刻充满希望。管理既要管好人又要管好物。由于幼儿园服务对象和服务需求的特殊性，管理中的组织协调与控制则显得极为重要。

二、走进幼儿园

从幼儿园的建筑空间上看，幼儿园包括幼儿园园舍和户外活动操场，如图1-1所示。幼儿园园舍由幼儿活动及辅助用房、办公及辅助用房、生活用房组成，如图1-2所示。

图1-1 幼儿园外景

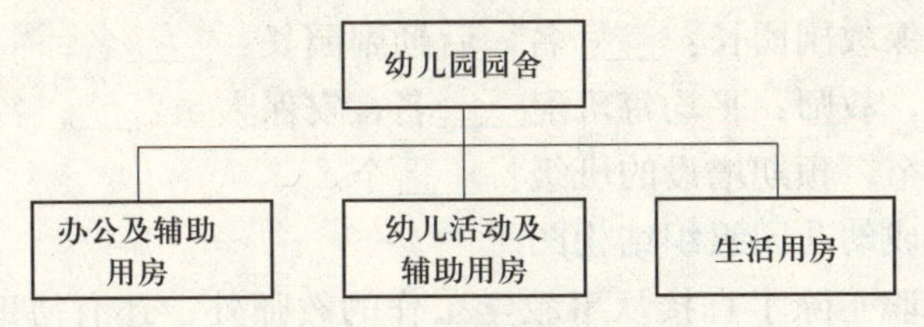

图1-2　幼儿园园舍的组成

1. 幼儿活动及辅助用房

幼儿活动及辅助用房包括幼儿班级活动用房和共用活动用房。幼儿班级活动用房包括活动室、寝室、卫生间、衣帽间（兼教师办公室）等。幼儿共用活动用房包括多功能活动室和专用活动室。幼儿专用活动室根据儿童兴趣和办园特色设置，一般有科学发现室、图书阅览室、建构教室、音乐教室、美工教室和亲子活动室等。

2. 办公及辅助用房

办公及辅助用房包括行政办公用房、保健及观察室、会议室、接待室、资料档案室、教研室、图书玩教具及器材室、音响间、仓库、传达（警卫）室和教工厕所等。现代设施齐备的幼儿园还有监控室，寄宿制幼儿园有隔离室。

3. 生活用房

生活用房包括厨房、辅助用房（开水间兼消毒间、炊事员更衣室、配电间等）；寄宿制幼儿园有淋浴室、洗衣房。

三、近观幼儿园组织结构

幼儿园职能组织结构是分层次的，一般可分为三个管理层次：幼儿园管理的指挥决策层（高层）、幼儿园管理的执行管理层（中层）和幼儿园管理的具体工作层（基层）。

幼儿园管理高层的编制标准根据幼儿园的规模有所不同，3个班及以下一般只设1名园长，4～10个班规模的幼儿园设1正1副2个园长，10个班以上规模的幼儿园设1正2副3个园长，分管教学和行政。中间执行层负责幼儿园的日常管理，一般分三大部门：保教部、后勤部、卫生保健部。保教部协助园长完成幼儿园的保教任务。为了配合保教部，后勤部协助园长完成与保教任务相关的人、财、物的管理活动。卫生保健部协助园长管理好幼儿园的卫生保健与营养膳食等工作。除此之外，幼儿园还应设有园务委员会、教职工大会、教研组、保育员组、卫生保健组、总务组、班组、信息资料组、家长委员会和伙食委员会等。

任务实施

步骤一：资源准备。

准备计算机、常用办公软件、常用文具、书、本、存档工具。

步骤二：了解该幼儿园现有的组织结构和发展方向。

与园长沟通，了解该幼儿园目前管理人员的配置、将来的发展方向、是否还要扩班、目前空缺的人员编制是否需要安排等。按以下内容记录该幼儿园的实际情况：

园长：____名，保教副园长：____名，后勤副园长：____名；
保健医：____名，教师：平均每班配____名，安保人员：____名；
现有班级：____个，预期增设的班级：____个。

步骤三：制作完成幼儿园组织结构图。

幼儿园的主要教职工除了直接从事教学工作的教师外，还有协助教学活动的后勤保障人员、卫生保健人员，最核心的是幼儿园管理人员。幼儿园一般应设有园长和副园长，分三大部门负责管理幼儿园的日常管理工作。

幼儿园工作人员一般按编制标准配备：

（1）园长：3个班及以下的幼儿园设园长1名，4～10个班的幼儿园增设副园长1名，10个班以上的可增设副园长2名。

（2）教师：平均每班配2名，有条件的可配备3名。

（3）保育员：平均每班配1名，如每班配备3名教师，可不再配备保育员。

（4）炊事员：每日提供三餐一点的幼儿园每40～45名儿童配炊事员1名，提供少于三餐一点的幼儿园可适当减少。

（5）保健医：按照有关规定配备专（兼）职保健医。一般配1名保健医，儿童超过200名的适当增加。

（6）财会人员：3个班以上的幼儿园设专职会计1名，专职或兼职出纳1名。

（7）安保人员：按照有关规定配备专（兼）职安全保卫人员。

幼儿园各部门的相互关系会有所不同，常见的幼儿园人员安排如图1-3所示。按下图形式，对照该幼儿园的实际情况，制作出幼儿园组织结构图。按管理的三个层次分层编排；要做到编排有序，即按照先上后下、先左后右、先重要后次要的顺序进行。

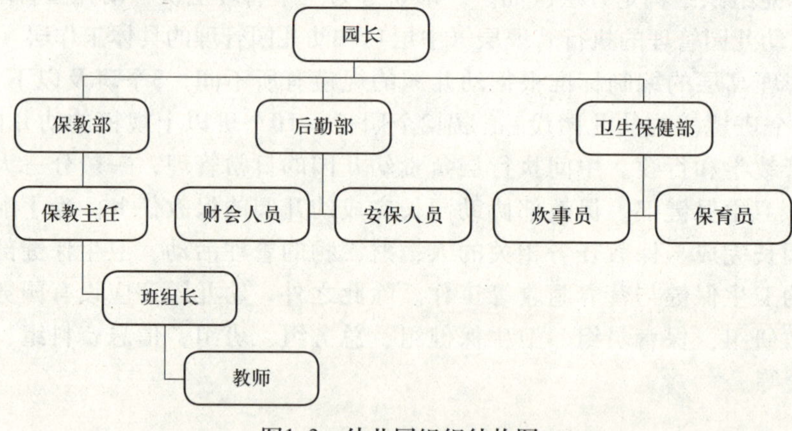

图1-3　幼儿园组织结构图

任务评价

任务实施环节结束后，应本着科学性、探究性、公正性的原则，以自评和他评作为两个评价主体，从知识、技能和作业形式等方面，对该任务最终完成的程度与效果进行真实有效的评价。评价过程中，重点分析本任务的思路和要领是否清晰、全面；本任务所需的知识结构是否完整，知识点是否有所拓展；基本技能是否已经初步掌握。（本书其他任务评价的要求同上，不再赘述）。具体评价项目和评价标准如下：

制作幼儿园组织结构图任务评价单

评价项目	评价要求
知识：幼儿园组织结构	有保教部、卫生保健部和后勤部三大职能部门；有三大部门的负责人；有各部门的主要人员
技能：计算机制作	用计算机制作
作业形式：电子版	用图表表示

任务小结

一个组织要有与其工作需要相吻合的组织结构。组织结构是岗位配备的依据。组织结构如果过于庞大，会增加成本和内耗，过于简单又会影响正常工作的有序进行。了解幼儿园的组织结构便于工作的分配与协调，也可以起到互补和监督的作用，还可以发挥各职员的专长，做到人尽其才。学生通过完成本任务，可以培养起自己的大局观。

知识拓展

管理五要素

被誉为“管理之父”的法国科学管理专家亨利·法约尔（Henry Fayol，1841—1925）认为，管理是所有的人类组织都有的一种活动，这种活动由五项要素组成：计划、组织、指挥、协调、控制。法约尔对管理的看法受到后人的推崇与肯定，形成了管理过程学派。

计划就是确立目标，预见问题，分析问题，做出决策。组织就是确定要进行什么活动来达到目标，确定工作类别，指派任务，指定负责人。指挥是管理人员需掌握的一种艺术和技巧，要处理好适当授权和统一指挥的关系，其目的是为企业赢得最大的效益。协调就是连接、联合、调和所有的活动及力量，就是激励员工为实现组织目标而做出个人和团队的贡献，就是使企业的一切工作都要和谐地配合，便于企业经营的顺利进行，并且有利于企业取得成功。控制就是根据计划检查工作表现，证实各项工作是否与已定计划相符合，是否与下达的指标及已定规则相符合，以实现共同的目标。

管理是计划、组织、指挥、协调和控制五个要素不断循环的过程。在管理的过程中应及时反馈工作的进展与成果，对事情完成情况进行分析与总结，便于作为另一个计划的依据。管理的计划、组织、指挥、协调和控制等要素已被管理者所熟知，但管理职能绝不是在真空中起作用的，而是需要在实践中得到运用和强化。将法约尔的这些朴素的管理原则和职能落到实处才是企业走向成功的基石。例如，管理五要素在“爷爷奶奶参加幼儿园教育体验活动”中的应用。

1．计划的提出

为什么要办这样的教育体验活动？望子成龙、望女成凤是每个家庭的愿望。孩子的良好成长不只是幼儿园的事情，还与家庭教育分不开。城市里多数父母工作忙，没有时间接送幼儿。幼儿接送的任务多数由其祖父母或外祖父母负责。幼儿园之所以选择幼儿的祖父母与外祖父母作为家园共育的突破口是因为：

（1）现在祖父母与外祖父母接送幼儿上幼儿园，照顾他们的生活越来越多。

（2）祖父母与外祖父母的教育知识与经验匮乏。

（3）祖父母与外祖父母多数休息在家，时间比较好支配。

2. 组织安排

如何组织这次体验活动呢？什么样的活动内容比较适合祖父母与外祖父母呢？谁当他们的老师更有亲和力？什么时间比较合适？谁来做好家长的接待、环境的准备、教学用品的准备等工作？

3. 指挥、协调与控制

做好教师的动员工作，提高认识。让教师们意识到此次活动意义重大。为了让体验效果最大化，把控好每一个环节。

4. 反馈与记录

体验活动结束后，需要分析此次活动收到了哪些预期的效果，还有哪些地方需要改进，并做好记录归档。

任务二　制定幼儿园保教主任的职责

学习目标

1. 了解幼儿园教育目标和内容。
2. 熟悉幼儿园保教工作管理内容。
3. 熟悉幼儿园保教主任的职责。
4. 掌握常用计算机办公技能。

任务描述

假如你是这所幼儿园的保教主任助理，要协助保教主任配合园长共同管理幼儿园的保教工作，首要任务是理清保教主任的主要职责和流程，再根据职责来协助保教主任工作。请你根据该幼儿园的教学理念制定幼儿园保教主任的职责。

任务分析

根据国家法规规定的幼儿园教育指导方针内容，思考如下问题：

1．分析该幼儿园的学期教育目标是什么；要完成该教育目标，幼儿园采用了什么课程体系和教学方法。

2．分析该幼儿园是否根据教育目标制订学期教学计划。

3．分析该幼儿园是否有学期教研计划和教师培训计划。

4．分析该幼儿园是否有做好幼儿园保教工作常规管理的具体做法。

5．分析该幼儿园是否有做好家园共育工作的办法。

知识准备

一、幼儿园管理层的职能

幼儿园职能组织结构是分层次的，其工作内容分工是不同的，每个层次都有各自要完成的工作。幼儿园一般有三个管理层次：指挥决策层、执行管理层、具体工作层。

幼儿园指挥决策层一般设有董事会、园务委员会或教代会。指挥决策层主要研究决定幼儿园的重大问题，如幼儿园的规划与发展方向、幼儿园的教育理念与经营模式以及幼儿园的预算与投资等。园长是幼儿园管理高层的行政负责人，负责高层决策的落实。幼儿园执行管理层由各部门的负责人组成，要接受园长的领导，贯彻执行高层的决策，协调基层共同完成任务。具体工作层是各班级或班组等职能部门，担当保教任务的责任和其他具体工作职责。

幼儿园教师是幼儿园基层工作的主体，她们在每天的工作中多与同事及其直接主管打交道。幼儿教师既要熟悉自己的工作岗位职责，也要了解一些与自己岗位相关的直接主管的工作内容，并了解幼儿园运转的管理流程和方法，这样才能很好地配合园长完成工作。

二、幼儿园保教主任的职责

幼儿园要贯彻国家教育方针，对幼儿实施体、智、德、美全面发展的教育。幼儿园工作是保教并重，促进每个幼儿富有个性地发展。幼儿园的保教工作包括保教工作的常规管理、保教工作评价和教研工作三大版块。保教主任作为幼儿园保教工作管理的执行者，要树立正确的儿童观、教育观，配合园长共同做好幼儿园的保教工作。

1．树立正确的教育观念

保教主任作为幼儿园的管理者，要重视教育理论学习，树立正确的儿童观、教育观，并结合教育改革，指导教育实践。要不断学习领会国家制定的教育方针，并且坚决贯彻执行《幼儿园教育指导纲要（试行）》《幼儿园工作规程》和《3～6岁儿童学习与发展指南》。

这些指导文件中规定了幼儿教育的主要目标和内容：

“幼儿园要为幼儿提供健康、丰富的生活和活动环境，满足他们多方面发展的需求，使他们在快乐的童年生活中获得有益于身心发展的经验。”

“幼儿园教育应尊重幼儿的人格和权利，尊重幼儿身心发展的规律和学习特点，以游戏为基本活动，保教并重，关注个别差异，促进每个幼儿富有个性地发展。”

“幼儿园教育的内容是全面的、启蒙的，可以相对划分为健康、社会、语言、科学、艺术等五个领域，也可做其他不同的划分。各领域的内容相互渗透，从不同角度促进幼儿情感、态度、能力、知识、技能等方面的发展。”

“坚持以人为本、全面实施素质教育是教育改革发展的战略主题”，并指出要坚持德育为先、能力并重和全面发展的教育观。

2. 进行保教工作管理

保教主任围绕幼儿园的教育环境的创设与利用（包括精神面貌和物质环境）和保教工作的具体实践（包括观察儿童、教育计划、一日生活和家园共育）等方面建立合理的保教工作常规管理，制定明确具体的质量要求，开展教研工作，不断促进保教工作质量和教师业务水平的提高，也就是从保教工作的常规管理、保教工作评价和教研工作三大版块做好保教工作的管理，见表1-1。

表1-1 幼儿园保教工作的常规管理内容

	内　容	要　求
教育环境的创设与利用	精神面貌	尊重热爱每一个幼儿，师生间、幼儿间关系和谐融洽，建立平等、民主、和谐的人际关系
	物质环境	创设与教育目标、教育内容相适应的良好教育环境，为幼儿提供充分活动的机会和条件
保教工作实践	观察儿童	观察、了解、尊重每个幼儿的特点、兴趣和需求，通过多种方式了解幼儿发展现状，根据幼儿发展水平随时调整、改进教育工作，促进幼儿在原有水平上得到发展
	教育计划	根据教育目标和幼儿发展实际水平及幼儿兴趣需求，制定明确可行的保教工作计划
	一日生活	认真贯彻幼儿园保教工作各项原则，合理组织幼儿一日生活
	家园共育	有目的、有计划地做好家园共育工作，积极主动地与幼儿家长配合

任务实施

步骤一：资源准备。

准备计算机、常用办公软件、常用文具、书、本、存档工具。

准备《幼儿园教育指导纲要(试行)》《幼儿园工作规程》和《3～6岁儿童学习与发展指南》。

步骤二：撰写幼儿园保教主任的工作要点。

保教主任要配合园长共同管理幼儿园的保教工作，其主要方面是制订和落实保教工作计划，做好保教工作的常规管理以及有针对性地开展教研活动，促进保教质量的提高。保教主任根据幼儿的一日生活安排其工作要点。幼儿在幼儿园的一日生活主要有：入园和离园环节、教学和户外活动以及生活保育环节。那么保教主任应该做些什么工作呢？是否要转班查岗、听课评课、组织教研、批改教案，以及进行家长育儿辅导？此时需要采访该幼儿园保教主任，询问他是如何具体制订保教工作计划、实施保教工作常规管理的。

（1）保教工作计划：要制订保教计划，如学期教育目标、教研计划、教师继续深造培养计划、家长学校计划等。全园要统一大、中、小班的学期教育目标。教师可以根据幼儿园班级的教育目标和本班幼儿的发展水平和需要再制订月目标、周安排和日计划。

（2）保教工作常规：注重在教育观念、教育能力及教育过程中指导保教工作；制定并执行幼儿一日生活常规；检查日常保教工作，保证保教工作正常有序；坚持深入班级，及时发现问题，指导保教工作；批阅与指导各班教育计划与记录；指导各项目组长、各年级组长、班长、教师开展教育理论的学习和实践研究工作，协调好各年级组和各项目组的工作等。

步骤三：制作完成幼儿园教学主任职责。

职责不同于一日工作流程，保教主任的职责是其必须承担的工作范围、工作任务和工作责任。保教主任的工作流程是指其工作事项的活动流向顺序，从幼儿入园开始到离园结束，包括实际工作过程中的工作环节、步骤和程序。保教主任的职责有三大版块的工作任务和责任，即保教工作的常规管理、保教工作评价以及教研工作。请细化每个版块应该做的具体工作。每个版块至少应有2～4条可评价的操作方法，如每月至少一次组织业务学习。

任务评价

制定幼儿园保教主任的职责任务评价单

评 价 项 目	评 价 标 准
知识：保教工作的管理	有保教工作的常规管理、保教工作评价、教研工作三大版块
知识：保教工作的常规管理	有围绕幼儿园的教育环境的创设与利用（精神面貌和物质环境）、观察儿童、教育计划、一日生活和家园共育等建立合理的保教工作常规管理
技能：沟通能力	有采访幼儿园保教主任的经历
技能：计算机编辑能力	用计算机进行编辑
作业形式：电子版	可以用表格形式，也可以用文字描述

任务小结

幼儿园的工作是保教并重。良好的保教工作管理是完成幼儿园教育教学目标的重要保障。保教主任的职责是其工作的指导方向。清晰完整的保教主任职责可以使幼儿园的保教工作有序进行，可以使教师队伍快速成长，也可以做到家园共育，帮助孩子健康成长。要制定保教主任职责，首先要了解国家有关幼儿园教育目标与内容的法律法规，还要了解当前国际国内的主流教育理念，了解投资者的办园理念，了解家长的需求，要根据幼儿的发展状况，从实践出发来制定。

知识拓展

蒙台梭利的儿童观与教育观

玛利亚·蒙台梭利（Maria Montessori，1870—1952），意大利幼儿教育家，意大利第一位女医生、第一位女医学博士，蒙台梭利教育法的创始人，如图1-4所示。

图1-4　蒙台梭利和孩子们在一起

1. 蒙台梭利儿童观

（1）儿童心理发展是“潜在能力”在适宜环境中的自然表现。

（2）儿童心理发展存在敏感期。

（3）儿童心理发展具有阶段性。

（4）儿童心理发展通过“工作”来实现。

2. 蒙台梭利教育的目的

蒙台梭利教学法的教育目的是帮助儿童形成健全人格并通过培养具有健全人格的儿童建设理想的和平社会。

在蒙台梭利看来，具有健全人格的儿童就是吸收了良好环境并得到正常发展的儿童，即“正常化”的儿童，而帮助儿童形成健全人格主要需要教育工作者通过提供“有准备的环境”，做两个方面的工作：其一，引导和帮助“潜在生命力”的正常成长，使具有“潜在生命力”的儿童成长为“正常化”儿童；其二，纠正因不良环境影响而造成“潜在生命力”的偏态性格特征，唤醒和引发出被隐匿、被扭曲的良好的生命特征，使儿童的“潜在生命力”走上本应该走的“正常化”之路。

3. 蒙台梭利教育法的内容

蒙台梭利教育法主要包括主题教育活动内容和区域教育活动内容两大方面。可以说，在蒙氏教室里，教育活动主要分为集体教育活动和个体教育活动两个组成部分。集体教育活动主要是通过主题教育的形式进行的，而个别教育活动主要是通过区域教育活动的形式进行的。蒙台梭利教育法实际上是由“有准备的环境”、作为“导师”的教师和作为活动对象的“工作材料” 三个要素组成的，见表1-2。“有准备的环境”是该教育法的核心，如图1-5所示。

表1-2 蒙台梭利教育法三要素

有准备的环境	作为导师的教师	作为活动对象的工作材料
儿童的“潜在生命力”只是提供了儿童发展的可能性，要实现“正常化发展”，提供一个有准备的环境是绝对必要的 1．它就像一个家 2．“儿童之家”内的一切都符合儿童的标准 3．环境布置安全、美观而有秩序	1．环境的提供者 2．自由的保障者 3．儿童发展的协助者	蒙台梭利教具具有如下特点： 1．刺激的孤立性：突出教育性，每一种教具只训练一种感官或能力 2．操作的顺序性 (1) 由简单到复杂 (2) 由具体到抽象 3．工作的趣味性：成功和秩序就是儿童内心所追求的东西，是其内在的需求。成功所带来的自豪和秩序所带来的喜悦又会成为动力，促使儿童又一次去尝试 4．教育的自动性：幼儿通过教具进行自我教育

图1-5 蒙台梭利教育法之有准备的环境

任务三 设计主班教师一日工作流程

学习目标

1．熟悉幼儿园幼儿一日生活与常规。

2．熟悉幼儿园教师及保育员的一日工作流程。

3．了解幼儿园教师职责，提升自我素质。

4．掌握设计主班教师一日工作流程的方法。

5．掌握常用计算机办公技能。

任务描述

该园某一中班有25名幼儿，生活在一个标准幼儿班级活动用房中，有活动室、睡眠室和盥洗室。为了增加幼儿活动空间，儿童床在需要时放开，不用时叠起来。班级要完成上午两个教学活动和一小时户外活动，下午一个教学活动和一小时户外活动。幼儿要在幼儿园吃三餐两点。你现在是这个幼儿园中班的主班教师，你会如何设计一份完整、实用的主班教师的一日工作流程呢？

任务分析

除了学习参考幼儿园教师的职责和工作流程外，还要思考如下问题：

1．分析幼儿活动用房情况及配置的设备。

2．分析教师、保育员及其他人员的配备及能力。

3．分析幼儿园的课程设置及教学要求。

4．了解幼儿园的作息制度。

5．了解幼儿园管理的规章制度。

知识准备

一、幼儿园幼儿一日生活

《幼儿园教师专业标准（试行）》中提出一日生活的组织与保育是幼儿教师的专业能力之一，可见一日流程对教师工作的重要性。在实践工作中，有的教师眉毛、胡子一把抓，自己焦头烂额，幼儿也无所适从，致使整个班级不能按正常的流程进行活动。实际上，只要教师把流程细分好，每个环节做到心中有数，就可以按部就班地进行工作。

幼儿园是一个非常有组织的幼儿生活和学习活动的机构。有规律的时间安排便于幼儿在有序的环境中成长，让幼儿形成良好的生活秩序感、生活自理能力和学习能力。幼儿园的一切工作都是围绕着帮助幼儿成长而开展的。我们先来看看幼儿在幼儿园的一天都会干些什么。首先在饮食方面。幼儿每天要在幼儿园吃2～3餐饭、两次点心，还要喝6～8次水。其次是教学活动。每天上午教师要组织2～3个教学活动，下午1～2个教学活动。再次是户外体能活动。为了保证幼儿的体格健康，教师要组织上午一小时、下午一小时的户外体能活动。幼儿园幼儿一日生活，见表1-3。

表1-3 幼儿园幼儿一日生活

7:30—8:00	幼儿入园
8:00—8:30	幼儿温馨早餐
8:30—9:30	教学活动
9:30—10:30	加餐及户外活动
10:30—11:00	教学活动
11:00—12:00	餐前准备及午餐
12:00—12:30	睡前准备
12:30—14:30	午睡
14:30—15:00	加餐
15:00—15:30	教学活动
15:30—16:30	户外活动
16:30—17:00	晚餐、离园前准备
17:00—18:00	幼儿离园

二、幼儿园教师素质与职责

幼儿园教师是一项神圣的职业，幼儿教师要学习并掌握基本的幼儿教育知识与具体的教学方法，行为规范要符合教师的职业素质要求，履行幼儿教师的职责，还要了解并遵守相关的法律法规，如《中华人民共和国教育法》《中华人民共和国教师法》等。作为一名主班教师，除了组织实施幼儿教学活动外，还要督促检查配班教师和保育员，做好保育工作，以及做好与家长沟通的工作，并做好班级管理的各项记录。

知识链接

教师素质评定表见表1-4。

表1-4 教师素质评定表

序号	素质项目	评定等级				
		5分	4分	3分	2分	1分
1	有独立组织教育教学活动的能力					
2	能与家长建立积极有效的联系					
3	热爱幼儿教师工作					
4	有责任心，工作主动积极					
5	工作中经常能尝试新方法					
6	能从幼儿的角度考虑、处理问题					
7	掌握各种活动技能					
8	喜欢孩子，对之亲切、有耐心					
9	知识丰富，善于引导孩子学习					
10	能以身作则，为人师表					
11	富有经验，方法灵活					
12	热情、积极、活泼、开朗					
	总计得分					
13	该教师最突出的特点是					
	该教师最明显的不足是					
	总评	合格（完全胜任） 一般（尚可） 较差				

《幼儿园工作规程》（1996.3）规定了幼儿园教师的职责：幼儿园教师要具备教师资格，对本班工作全面负责，主要职责如下：

（1）观察了解幼儿，依据国家规定的幼儿园课程标准，结合本班幼儿的具体情况，制订和执行教育工作计划，完成教育任务。

（2）严格执行幼儿园安全、卫生保健制度，指导并配合保育员管理本班幼儿生活和做好卫生保健工作。

（3）与家长经常保持联系，了解幼儿家庭的教育环境；商讨符合幼儿特点的教育措施，共同配合完成教育任务。

（4）参加业务学习和幼儿教育研究活动。

（5）定期向园长汇报，接受其检查和指导。

知识链接

幼儿园规章制度

①岗位责任制度；②学习会议制度；③卫生保健制度；④教研制度；⑤安全保卫制度；⑥幼儿作息制度；⑦财务管理制度；⑧财产管理制度；⑨考勤制度；⑩奖惩制度；⑪交接班制度；⑫家长联系制度；⑬业务档案制度；⑭工作人员工作质量的评价考核制度；⑮教育评价制度；⑯幼儿发展情况的报告制度；⑰资料借阅制度等。

任务实施

步骤一：资源准备。

准备计算机、常用办公软件、常用文具、书、本、存档工具。

步骤二：明确配班教师和保育员的一日工作要点及标准。

幼儿园教师一日工作流程可以参照配班教师和保育员一日工作流程的格式进行设计，见表1-5和表1-6。

表1-5　幼儿园配班教师一日工作流程

时　间	活　动	配班教师
7:30—7:40	入园	组织来园的幼儿脱外套，整理衣服，换鞋，盐水漱口；引导幼儿阅读书籍（大班组织晨读）
7:40—8:00	早操	带领幼儿进行早操
8:00—8:30	早餐	组织幼儿洗手、吃早餐，并组织吃完早餐的幼儿进行阅读。注意培养幼儿良好的饮食习惯，包括发餐、认真观察幼儿进餐、适时给幼儿加餐、提醒贪玩的幼儿认真用餐
8:30—9:30	教学活动	认真负责地给教学老师配课；主动做笔记。准时给幼儿倒好饮用水；协助幼儿上厕所；如果有教学安排，要做到尽自己的能力去准备好每一节课，根据不同年龄段学习的需求，学习不同的内容
9:30—10:30	户外活动 加餐	注意幼儿穿衣拉链等细节问题、户外幼儿的安全，协助主班维持本班的秩序（如做操和跳舞）；提醒幼儿户外回来洗手，带领幼儿上厕所；进行加餐
10:30—11:30	教学活动	认真负责地给教学老师配课；辅导幼儿的学习；帮助幼儿喝水、上厕所
11:30—12:00	午餐	做好饭前准备工作；帮助幼儿进餐，及时给幼儿添加饭菜、汤；为幼儿做睡觉前的准备工作
12:00—12:30	睡前准备	带领幼儿散步，做午睡前准备

（续）

时　间	活　动	配班教师
12:30—14:30	午睡	看睡，注意观察幼儿的情况，及时给幼儿盖被子等；备课
14:30—15:00	加餐	帮助幼儿起床，吃加餐，上厕所，收拾床铺，并抬床
15:00—15:30	教学活动	组织幼儿进行有效的教学
15:30—16:30	户外活动	协助主班教师带领幼儿进行户外活动，带领幼儿上厕所
16:30—17:00	晚餐	帮助幼儿进行晚餐，并做离园前的准备工作
17:00—18:00	离园	根据主班教师提示及时做好幼儿离园的准备；在指定地点看管好幼儿；整理教室环境，如书柜及幼儿的桌椅；提醒幼儿整理衣服、戴帽子、拉拉链、背书包、围围巾等

表1-6　幼儿园保育员一日工作流程与标准

时　间	工作内容	标　准
7:30	开窗通风	冬季10～20分钟，春、夏、秋季：常开
	桌面消毒	清水消毒第一遍；84消毒液1:200配比消毒第二遍；清水消毒第三遍，桌面无油污，清洁卫生
	取水杯	取水杯前用洗手液、流动水清洗手部
7:55	取餐具和早餐	取餐具和早餐前要用洗手液、流动水清洗手部
8:30	送餐具、擦桌子、擦地	及时送餐具，用84消毒液1:200配比消毒擦拭，桌面、地面无油污，清洁卫生
9:00	清扫卫生间：便池、水池、镜子、窗框、窗台	无异味，地面清洁、无水迹、无灰尘
9:30	打扫教室：两个门及门玻璃、窗框、窗台、教具及教具柜	84消毒液1:200配比消毒擦拭，清洁、无灰尘
10:00	桌面消毒、取加餐	用84消毒液1:200配比消毒擦拭桌面、地面，无油污、清洁，清洗手部
10:15	打扫阳台：擦窗框、窗台、走廊、两个门	地面清洁、无纸屑、无水迹、无灰尘
10:30	走廊卫生区：地面、扶手	地面清洁、无纸屑、无水迹、无灰尘；扶手用84消毒液1:200配比消毒擦拭
11:00	桌面消毒、取午餐、清洗水杯	桌面用84消毒液1:200配比消毒擦拭，清洗手部，水杯放入消毒柜进行消毒
11:30	抬床	摆放整齐
11:40	送餐具、擦拭桌面、地面卫生、擦洗水池	用84消毒液1:200配比消毒擦拭桌面、地面，无油污、清洁卫生
12:00	卫生间便池、地面卫生，清倒垃圾	无异味、地面清洁、无水迹、无灰尘
12:30	吃饭休息	
14:00	取加餐、消毒桌面、打开水	清洗手部、用84消毒液1:200配比消毒擦拭桌面、地面，无油污、清洁卫生
14:30	抬床，清扫卫生间、便池、水池	床位摆放整齐，用洁厕灵消毒清洗，光亮无痕
15:00	打扫睡眠室，擦地，擦教具及教具柜	无纸屑，地面清洁、无灰尘
16:10	取餐具、桌面消毒	清洗手部，用84消毒液1:200配比消毒擦拭桌面
16:15	取晚餐	清洗手部
17:00	送餐具，消毒桌面、地面，清洗水杯、毛巾	清洗手部，用84消毒液1:200配比消毒擦拭桌面、地面，无油污、清洁卫生。水杯经消毒柜消毒，毛巾用84消毒液浸泡并清洗、晾晒
	清扫卫生间、便池、水池、镜子	用洁厕灵消毒清洗，光亮无痕
	清洁窗台、框、门、教具、教具柜，清倒垃圾	无灰尘，垃圾桶干净
18:00	下班	关好门窗，关灯，1小时紫外线消毒灯消毒

步骤三：设计完成主班教师一日工作流程。

主班教师一日工作流程是指从准备好教室环境以迎接幼儿入园到幼儿离园后整理好环境下班的全天工作事项的活动顺序，包括工作环节、步骤、顺序和注意事项。

主班教师不仅要完成本人担任的保育和教学工作，还要担负起班级的领导责任，要及时提醒、督促、检查配班教师和保育员要完成的工作。

任务评价

设计主班教师一日工作流程任务评价单

评价项目	评价标准
知识：幼儿园一日生活	根据幼儿一日生活安排工作流程，按要求完成保教任务
知识：配班教师一日工作流程	根据配班教师一日工作流程与要求督查检查
知识：保育员一日工作流程	根据保育员一日工作流程与标准督查检查
技能：沟通与领导能力	能协调配班教师和保育员工作，管理班级
技能：计算机编辑	用计算机进行编辑
作业形式：电子版	可以用表格形式，也可以用文字描述

任务小结

幼儿园教师一日工作流程是幼儿教师工作的依据，教师要根据工作流程来安排幼儿的生活学习与户外活动。一份合格的教师工作流程要根据幼儿园的总体工作时间表、幼儿的一日生活流程及幼儿的年龄生理特点进行制定，还要注意各环节之间的衔接，协调好主班、配班与保育的工作。

任务四　制订园长的月工作计划

学习目标

1．了解幼儿园园长职责。
2．了解幼儿园园长一日工作要点。
3．了解幼儿园园长工作计划的内容。
4．掌握幼儿园园长工作计划的方法。
5．了解管理五要素，提升管理能力。

6．掌握常用计算机办公技能。

任务描述

幼儿园在第二学期除了完成正常的保育教学工作外，还有非常重要的工作，那就是庆祝“六一”国际儿童节大型活动以及准备下一学年的招生工作。幼儿园5月份的主要工作是完成正常的保教工作，为庆祝“六一”大型活动做准备。假如你是该园的园长助理，要协助园长设计幼儿园5月份的工作计划，你会如何做呢？

任务分析

幼儿园园长做幼儿园月工作计划时主要考虑的内容如下：

1．幼儿园三大部门的日常常规工作内容。
2．幼儿园三大部门的重点工作，如业务培训、检查与考核。
3．幼儿园上级部门的任务与要求。
4．幼儿园大型活动策划与组织。
5．幼儿园形象与宣传、营销与招生等。
6．幼儿园的家园共育工作内容。

知识链接

计划工作5W1H

What：什么内容。
Why：为什么要做这个计划。
When：这个计划的时间安排。
Where：什么地方实施这个计划。
Who：谁来执行这个计划。
How：如何实现这个计划。

知识准备

计划是为了完成一定的目标而事前对措施和步骤做出部署。计划让工作变得更为有序。古人说：人无远虑，必有近忧；凡事预则立，不预则废。一个有计划的人，一定是行动敏捷的人；一个有计划的团队，一定是高效率的团队；一个有计划的企业，一定是有前途的企业。目标和计划让我们做事有了方向，从而可以减少变化的冲击和不确定性；制订计划可以协调各部门的工作，增强各部门的凝聚力，还可以减少工作的重叠性，避免浪费；计划中设立目标和标准还便于进行控制。

一、幼儿园园长职责

作为一名幼儿园的管理者，尤其是园长要不断学习领会国家的有关法律、法规、方针、政策和上级主管部门的规定，并且要坚决贯彻执行。

幼儿园园长负责幼儿园的全面工作，其主要职责如下：

（1）贯彻执行国家的有关法律、法规、方针、政策和上级主管部门的规定。

（2）指导教育、卫生保健、安全保卫工作。

（3）负责建立并组织执行各项规章制度。

（4）负责聘任、调配工作人员。指导、检查和评估教师以及其他工作人员的工作，并给予奖惩。

（5）负责工作人员的思想工作，组织文化、业务学习，并为他们的政治、文化和业务进修创造必要的条件。

（6）关心和逐步改善工作人员的生活、工作条件，维护他们的合法权益。

（7）组织管理园舍、设备和经费。

（8）组织和指导家长工作。

（9）负责和社区的联系与合作。

二、幼儿园工作计划

幼儿园的工作计划有年度计划、月计划、周计划和日计划。幼儿园年度计划是根据幼儿园的规划和目标而制订的。幼儿园的工作目标分两大部分，即教育目标和管理目标。幼儿园的教育目标是根据国家规定的幼儿园总目标，结合本园的办学理念而制定的。教育目标一般包含遵照上级精神，完成上级任务；加强师德教育，提高教师的师德素养；加强专业培训，提高教师专业水平；加强教学常规管理，提高保教质量；加强卫生保健，保证幼儿安全；丰富业余生活，提高幼儿园凝聚力等内容。幼儿园的管理目标是指幼儿园管理工作应达到的标准，即为达到教育目标按质量完成育人任务所应做的管理工作。管理目标一般包含建立幼儿园组织机构；确定园长、教师及各类工作人员的职责；制定规章制度；实施计划管理；开展评估活动；加强师资队伍建设；改善办园条件等内容。幼儿园教育目标的实现，要通过各项管理工作才能落实，管理目标是为实现教育目标服务的。

任务实施

步骤一：资源准备。

准备计算机、常用办公软件、常用文具、书、本、存档工具。

步骤二：明确幼儿园园长一日工作要点。

幼儿园园长的一日工作是围绕着幼儿园幼儿的一日生活展开的。园长的工作既有宏观方面的，也有微观方面的；既要做规划与计划，又要解决具体事情。由于幼儿园的特殊性，工作的对象是幼儿，容易发生突发情况。园长像是“救火队长”，随时出现在救火现场。我们来看看幼儿园园长一天都在忙些什么？从幼儿入园到离园，园长要做以下工作：晨检接待，巡视全园各项工作，研究工作，制订与审查工作计划，参与各种会议，接待上级的检查，接待家长等。为了便于记忆和对照检查工作的落实情况，可以做成表格的形式，见表1-7。

表1-7　幼儿园园长一日工作流程

<table>
<tr><th>工作项目</th><th>内　容</th><th>备　注</th></tr>
<tr><td>晨检接待</td><td>1．以饱满热情的精神状态向老师、幼儿主动问候，并亲切接待幼儿家长
2．监督各班教师和保健医晨检情况，关注每个幼儿的身体状况</td><td></td></tr>
<tr><td>巡视全园各项工作</td><td>1．班上生活管理：了解各班级常规及幼儿生活习惯的培养等
2．卫生保健管理：抓好卫生保健及膳食管理工作
3．活动：深入班级听课、看课，落实园长巡堂、推门听课制度。随时了解每一位教师的活动，认真观察、记录、分析教师执行各类教育活动计划的情况。及时了解幼儿的活动情况、学习情况及常规情况
4．负责制订招生方案，查看新入园幼儿情况，协助各班做好新生家长接待工作</td><td rowspan="6">1．做好全园教职工的思想政治工作，关心她们的工作、生活和健康，组织政治和业务学习培训，提高全园教职工整体素质和工作积极性
2．组织指导家长工作，与社区联系并建立合作关系
3．制定人员编制，负责员工的聘任、调配、晋升、奖惩等工作</td></tr>
<tr><td>研究工作</td><td>同幼儿园其他领导探讨工作</td></tr>
<tr><td>制订、审查工作计划</td><td>1．负责制订本园工作计划和总结
2．审查各班学期、周计划的制订，并提出修改意见
3．定期召开园务会，深入第一线检查各项工作实施情况</td></tr>
<tr><td>其他工作</td><td>1．管理好学校的各项开支
2．检查园内安全设施
3．检查教师的工作规范
4．负责招聘工作
5．负责召开家长会，听取家长的意见和要求，争取家长对幼儿园工作的支持</td></tr>
<tr><td>接待家长</td><td>接待家长，解决一些突发事情</td></tr>
<tr><td>离园检查</td><td>监督幼儿离园情况，检查幼儿园安全卫生</td></tr>
</table>

步骤三：制订完成园长月工作计划。

（1）制订完成幼儿园月工作计划表。月工作计划是围绕着幼儿园工作内容来制订的。其中包括教学、班级管理、环境创设和卫生保健，还有幼儿园大型活动、业务培训、检查与考核、家长学校等，以及一些看起来跟教师岗位没有直接关系的工作，如幼儿园的形象与宣传、幼儿园的营销与招生等。月工作计划通常以表格的形式呈现，见表1-8。你可以以此表为模板，向幼儿园园长了解幼儿园的月工作计划，并填入表中。有的项目不是每周都有计划，没有的可以空缺。

表1-8　幼儿园月工作计划表

周次	教学	班级管理	环境创设	卫生保健	大型活动	业务培训	检查考核	家长学校
第一周								
第二周								
第三周								
第四周								

（2）制订完成幼儿园工作计划五定表。为了让任务真正地落实与完成，做计划工作主要考虑的要素有5W1H。在园长的工作计划中要把工作计划落实到部门责任人，规定完成时间等，也就是定部门、定职责，定岗位人，定完成标准，定完成时间，见表1-9。

表1-9　幼儿园工作计划五定表

工作	部门	职责	岗位人	完成标准	完成时间

任务评价

制订园长的月工作计划任务评价单

评价项目	评价标准
知识：幼儿园月工作计划	包含教学、班级管理、环境创设、卫生保健、大型活动、业务培训、检查考核、家长学校
技能：沟通能力	与园长沟通了解幼儿园的工作计划
技能：计算机编辑	用计算机进行编辑
作业形式：电子版	用表格形式

任务小结

一份周全的幼儿园月计划可以让每位教职员工知道自己的工作及职责，知道怎么做，做到什么程度以及要完成的时间。可以让每个部门自动运转，并且相互协调，还可以减少浪费，降低成本。一份合格的月计划既要考虑到幼儿园的方方面面，也就是幼儿园各部门正常的日常工作，又要思考到对未来工作的准备。幼儿园5月份的主要工作除了完成正常的保教工作外，还要为庆祝“六一”活动做准备，如场地的选择、节目的准备、服装的准备、领导的邀约、媒体的邀约等。只有计划周全了，做事才会有方向，有了方向才能够提高效率。

知识拓展

案例：某幼儿园5月工作计划

一、幼儿园教学计划

幼儿园教学计划一般从两个方向延伸，即班级教学任务和教师教研活动。

班级教学任务部分主要针对各主班教师，对照自己的上个月教学计划，回顾主配班教师是否严格按照既定的计划执行。如果没有按照既定的计划执行，分析具体的原因，进行小结，并根据具体的情况对本月的教学计划进行适当调整。然后保教主任根据调整之后的教学计划对各班进行不定时的抽查，以确保保教任务的有效完成。

教师教研活动每周进行一次，主要针对教学过程中发现的问题进行研讨。这样的活动不仅能够提高教师专业素养及保教技能，对日常教学工作起到推动作用，而且可以在活动中不断促进各班教师之间的沟通，提高团队的凝聚力。5月中旬的教研活动以“最美的图画”为主题，要求各教师完成图画作品并进行展示。

二、班级管理计划

1．完善家园共育工作

在4月份每周给家长发放“一周所学”的基础上，5月份增加“幼儿园倩影”部分，即每周给所有家长发送部分幼儿在园活动照片，以便家长更真切地感受到幼儿在园的积极表现。

2．加强班级常规的管理

对于常规的建设应时时刻刻保持谨慎的态度。幼儿在园的一日流程，能够有效地确保幼儿在园活动的秩序性。完全严格按照常规执行，有助于幼儿身心的健康发展。本月继续不断加强对班级常规的建设。

三、环境创设计划

本月各班级根据季节的不同，对室内的墙饰进行微调，完成应季的环境布置，突出本月相关节日及大型活动主题。将班级“活动安排”及相关通知整理到“班级信息快车”一栏。

根据相应时节，老师带幼儿在小花园播种不同的植物，分别种植红豆、西红柿、黄瓜、丝瓜、南瓜等植物。平时老师带幼儿到小花园给这些植物浇水、除草，也可以利用这些植物给幼儿讲一堂生动有趣的生物课。

四、卫生保健计划

(1) 严格执行《托儿所、幼儿园卫生保健制度》。

(2) 保健医严格执行晨午晚检制度。

(3) 全面督查班级的卫生消毒工作。

(4) 开展良好的卫生习惯教育。

(5) 宣传栏要宣传传染病预防措施。

五、幼儿园大型活动计划

根据学期计划安排，对本月大型活动进行调整、布置。5月份突出母亲节主题，开展春季亲子游园会。借此希望幼儿及其父母在活动中体验不同职业的乐趣，在交换中体会到快乐，在付出中体验到收获，并在理财方面得到锻炼。让幼儿在感受到收获的快乐的同时，也能明白父母工作的辛苦，在活动中不断增进亲子感情。

“六一”活动的安排。园内先确定“六一”活动主题，各班级教师根据活动主题准备适合自己幼儿年龄段的相应节目。让幼儿和家长做好节目前的一系列准备工作，使幼儿在迎接活动的过程中获得积极的情绪体验，得到锻炼。

六、业务培训计划

本月针对新入职的教师开展业务培训，主要培训的方向有：蒙台梭利教育、感觉统合训练。采取老教师帮扶新教师的方法。对新入职的教师进行一对一的指导，最大限度地提升新教师的业务素质，以最快的速度建立专业化的师资队伍，为不断提升教学效果而努力。

七、家长学校计划

本月主要以亲子活动和观摩活动为主，即春季亲子游园会和“六一”联欢活动。让家长在活动中切实感受幼儿园教育的实践性，触发家园共育的社会性核心点。让家长在体验和观摩的同时提高对幼儿园教育的理解和认识，能够更加理解和配合幼儿园的教育教学工作。

任务五　撰写主班教师班级管理工作日志

1．了解幼儿园班级管理工作的内容。

2．掌握撰写幼儿园班级管理工作日志的方法。
3．练习观察与沟通技巧，提升管理能力。
4．掌握常用计算机办公技能。

任务描述

该园某一中班有25名幼儿，生活在一个标准幼儿班级活动用房中，有活动室、睡眠室和盥洗室。为了增加幼儿活动空间，儿童床在需要时放开，不用时叠起来。班级要完成上午两个教学活动及一小时户外活动，下午一个教学活动及一小时户外活动。幼儿要在幼儿园吃三餐两点。

请你在该中班实习一天，从早晨入园开始到离园为止。你在参与幼儿一日生活和教学的过程中，要观察该班教师是如何进行班级管理的，并撰写班级管理工作日志。

任务分析

在参与幼儿一日生活和教学的过程中，注意观察主班教师是如何进行班级管理的，记录该主班教师所做的班级管理的工作内容，并从主班教师所做的具体事情中总结出幼儿园班级管理的项目，还要与主班教师讨论其工作内容是否与你的观察相符，是否还有你可能没有看到的幼儿园班级管理的其他工作，如团队的工作、家长工作等。

知识准备

一、总结是计划的承上启下

对于总结，我们一点也不陌生。总结可以帮助我们回顾所做的事情，从中发现是否有遗忘，可以及时弥补；总结可以帮助我们总结经验，从中吸取教训，以免再犯同样的错误，也可以给后人提供可借鉴的经验；总结还可以帮助我们理清思路，找到创新的源泉；总结还可以帮助我们从具体的、反复的工作中找到一些规律，从感性上升到理性，从具体升华到抽象。更直接的是，总结可以帮助我们完善已有的知识结构，提高技术水平及工作能力；总结还可以帮助我们把注意力集中在目标上，以免分散精力；总结可以记载我们的生活学习及工作历程，帮助我们记忆，让生活回味无穷。

二、幼儿园工作总结

幼儿园的工作总结，从工作时间上来划分，包括日总结、周总结、月总结、年度总结，还有以三年或五年为一个工作周期的总结等；从工作范围来划分，包括：教师个人工作总结、年级组长工作总结、幼儿园工作总结等；从工作内容来划分，包括：教学工作总结、行政工作总结、后勤工作总结、教研工作总结等。从具体项目来看，我们所做的每件事的归纳、反馈、评价等都是总结。

日工作总结侧重于单一事件的回顾与分析。日工作总结表可以帮助我们整理归纳，避免因重复工作而浪费时间与精力，也可以从中找出一些规律，把一些重要的事情提前计划和安排好，以免发生突发事件，措手不及。

周工作总结应倾向于归纳综合分析，从中找规律、找原因、找捷径。如一周幼儿出勤率分析，找出幼儿缺勤的原因，是个别的原因还是与集体生活相关的原因。如感冒的流行等，针对原因做好及时的预防与处理。再如，通过一周家长满意率分析，可以看出家长在哪些事情上满意和不满意，不满意的方面是管理的问题还是个别教职工在执行上的问题，是责任心、爱心的问题还是专业技能问题，针对问题可以安排教研活动或者培训。

总结要客观真实，写自己所做的，如果没有可以不写，不要写大话、空话，不要敷衍了事，不要为了完成总结而写总结。总结要找重点工作和典型性工作，不要写无关紧要的小事，不要记流水账。总结要注意找规律和逻辑性，不要罗列堆积杂事。记录要及时，养成当天或次日记录的好习惯。

任务实施

步骤一：资源准备。

穿合适的衣服，带健康证和学习用具等。

步骤二：观察记录主班教师班级管理的一日工作要点。

从幼儿一日生活流程出发，观察主班教师班级管理的工作内容和方法：入园、晨间活动、早操活动、学习活动、户外体育活动、游戏活动、饮水、盥洗、餐点、睡眠、如厕、交接班、离园环节。记录你所观察到的主班教师班级管理的工作内容，并与主班教师交流，了解其班级管理经验。

步骤三：撰写完成主班教师班级管理的工作日志。

对记录的班级管理具体工作内容进行分类归纳，概括出班级管理的项目，如：幼儿园集体工作、班级出勤人数、班级工作、家长工作、今日备忘录（服药、家长谈话或单发邮件、幼儿带来的特殊物品）、今日进步、今日反思。例如，准备“六一”的节目，是幼儿园的团队工作。再如，主班教师找家长交谈关于其幼儿的教育问题，是家长工作。主班教师班级管理工作日志可以参照表1-10的形式逐项填写，也可以自己设计更实用的表格或其他记录方法。

教师的工作日志主要记录自己每天所做的、所想的。一份完整的班级管理日志不仅包含班级生活和活动的方方面面、主班教师自己的日常教学、班级团队人员的管理（如对配班和保育员的管理、幼儿园团队的工作、家长的工作），还要回顾分析幼儿的学习能力、接受程度以及教学成果，分析今天孩子出勤的状况与原因，并反思今日的进步和成长，明日工作的备忘和计划。凡事都要想到前面，做到防患于未然。

表1-10　主班教师班级管理工作日志

<table>
<tr><th>序号</th><th>时间</th><th>幼儿园团队工作</th><th>完成</th><th>序号</th><th>时间</th><th>家长工作</th><th>完成</th></tr>
<tr><td></td><td></td><td></td><td></td><td></td><td></td><td></td><td></td></tr>
<tr><td></td><td></td><td></td><td></td><td></td><td></td><td></td><td></td></tr>
<tr><td></td><td></td><td></td><td></td><td></td><td></td><td></td><td></td></tr>
<tr><th>序号</th><th>时间</th><th>班级工作</th><th>完成</th><th>序号</th><th>时间</th><th>个人事情安排</th><th>完成</th></tr>
<tr><td></td><td></td><td></td><td></td><td></td><td></td><td></td><td></td></tr>
<tr><td></td><td></td><td></td><td></td><td></td><td></td><td></td><td></td></tr>
<tr><td></td><td></td><td></td><td></td><td></td><td></td><td></td><td></td></tr>
<tr><td colspan="2" rowspan="3">今日备忘录</td><td colspan="6">服药：</td></tr>
<tr><td colspan="6">家长谈话或单发邮件：</td></tr>
<tr><td colspan="6">幼儿带来的特殊物品：</td></tr>
<tr><td colspan="2">今日进步</td><td colspan="6"></td></tr>
<tr><td colspan="2">今日反思</td><td colspan="6"></td></tr>
</table>

任务评价

撰写主班教师班级管理工作日志任务评价单

评 价 项 目	评 价 标 准
知识：幼儿园的工作计划	与园所工作计划同步
技能：班级工作管理	计划、组织、协调、反馈的能力
技能：备忘录好习惯	包含服药、家长谈话、幼儿带来的特殊物品等
技能：总结反思分析能力	今日的进步和成长

任务小结

幼儿园教师按一日工作流程完成工作是幼儿教师最基本的工作内容。要想把保教工作真正做好，不仅要有目标与计划，还要有总结与反思。工作日志就是记录每天所做、所想以及解决问题时采取措施的得与失，以便积累工作经验，为以后更好地工作做好铺垫。

知识拓展

四象限时间管理法

时间是有限的，我们要想在有限的时间内做尽可能多的事情，是需要时间管理的。时间管理是用来帮助我们完成一天中所有工作要求的策略。时间管理不仅可以降低压力，还可以让我们尽可能快地完成工作。对于时间管理的最大问题是被打扰和空间及物品的混乱。罗德（Rodd）在《早期教育中的领导力》一书中指出，一个整齐有序的办公室和电子化的办公设备可以帮助我们节约时间。一些看似与时间管理无关的工作方式和秩序可以提升我们的工作效率，如减少被打扰的频次、设置合理空间、摆放物品有序、应用电子化办公、设定目标与任务、列出事情的优先顺序等。

四象限时间管理法是美国原总统艾森豪威尔创立的时间管理方法，也就是重要紧急的工作应立即去做，重要不紧急的工作按计划去做，紧急不重要的工作委派他人去做，不紧急、不重要的事放到下班以后做，见表1-11。艾森豪威尔认为“最重要的很少是紧迫的，紧急的很少是重要的”。如果我们把重要不紧急的事情计划好了，紧急的事情也就不会经常发生。

表1-11　四象限时间管理法

	紧　急	不　紧　急
重要	重要紧急工作（自己做） 危机 重大安全事故 突发事件 逼近限期的工作 准备工作	重要不紧急工作（做计划） 计划类工作 准备工作 预防性工作 价值观的澄清（定期与每个人沟通） 培训充电 适当的休闲
不重要	紧急不重要工作（委派他人做） 意外来访 电话 部门协调工作	不紧急不重要工作（下班后做） 浪费时间的事 QQ 八卦 微博等

单元小结

本单元我们学习了与幼儿园岗位职责以及幼儿园计划与总结相关的管理知识；了解了幼儿园组织结构和职责，幼儿园计划和总结的方法；明白了幼儿园是一个以教育为目标的协作团队，各部门要相互协作、共同配合才能完成保教任务；并已经能用计算机技术完成五个任务：制作幼儿园组织结构图、制定幼儿园保教主任的职责、设计主班教师一日工作流程、制订园长的月工作计划、撰写主班教师班级管理工作日志。

教师要想把保教工作真正做好，工作就要有目标、有计划、有方法。幼儿园教师不仅要做好自己班级的工作，还要做好幼儿园团队的工作和家长的工作。如果心中装有职责和流程，工作就有方向与目标。如果每天事先做好计划，工作就会有方法，就不会遗漏重要工作。坚持总结与反思，可以帮助分析工作方法的效果，为自己和他人积累工作经验，少走弯路。

单元检测与练习

1. 你所知道的幼儿园是什么样的？幼儿园园舍包括什么？
2. 幼儿园保教主任每天在做些什么工作？幼儿园保教工作的常规管理都有哪些内容？
3. 如何评价幼儿园教师素质？
4. 分析管理的五要素在设计活动案例中的应用。
5. 幼儿园园长的一日工作要点有哪些？
6. 幼儿园的月工作计划都包含什么内容？

学习单元二

体验幼儿园环境安全管理

单元概述

本单元介绍的内容是幼儿园管理的重中之重，从学习幼儿园班级活动用房的安全管理开始，逐步扩展到幼儿园户外活动设施的安全管理，再到幼儿园周边环境的安全管理，以及幼儿园的卫生消毒安全管理。我们以一名教师或者园长助理的身份深入幼儿园，了解幼儿园的户外和周边安全管理方法。通过完成检查幼儿园班级活动用房的安全、检查幼儿园户外活动设施的安全、撰写幼儿园周边环境的安全报告及消毒幼儿园班级用具四个任务，初步了解幼儿园环境及设施设备的安全管理和卫生消毒管理，初步掌握幼儿园安全检查办法和卫生消毒方法。本单元的学习对培养学生的安全管理意识和方法有所帮助，注重培养学生幼儿园管理的实际能力，为学生今后走上工作岗位奠定坚实的幼儿园安全管理基础。

安全管理是幼儿园管理中最重要的部分。安全是幼儿园正常保教工作得以实施的保障。幼儿园任何设施的不当和教师的疏忽都有可能成为幼儿园儿童伤害的隐患，一些看似很小的事情也会酿成大祸。作为学前教育专业的学生，比较年轻，缺乏安全意识和应急方法。幼儿园的安全人人有责，常规的安全制度落实是防范安全意外事故的主要办法。

单元目标

1．了解幼儿园班级活动用房的安全管理。
2．了解幼儿园户外活动设施的安全管理。
3．了解幼儿园周边环境的安全管理。
4．了解幼儿园卫生消毒安全管理。
5．掌握幼儿园班级活动用房及设施设备的安全检查方法。
6．掌握幼儿园户外活动设施设备的安全检查方法。
7．掌握幼儿园卫生消毒方法。

任务一　检查幼儿园班级活动用房的安全

学习目标

1．了解幼儿园安全管理的法律法规。
2．了解幼儿园环境安全管理的基本内容。
3．掌握幼儿园活动用房及其设施设备的安全管理要点。
4．掌握幼儿园桌椅、床铺、玩教具的安全管理要点。
5．掌握幼儿园活动用房及其设施设备的细节检查要领。

任务描述

该所幼儿园中班的班级活动用房有：活动室、睡眠室、洗手间（包括盥洗室和厕所）。主要家具用具设施设备有：幼儿桌椅、床具、玩具柜、物品柜、饮水机、消毒灯、空调、计算机及办公桌椅等。玩教具类教学设施有：含体育类、构造类、角色表演类、科学启蒙类、音乐类、美工类、电教类、劳动工具类教学设施；图书、挂图、卡片等。假如你是这个班的主班教师，要对这个班的儿童安全负责，请对本班级进行安全管理检查，并写出安全管理的好处和需要改进的安全管理隐患，说明改进的方法。

任务分析

分析以下要点：

1. 标准与要求：国家对幼儿园班级活动用房及其设施设备的标准与要求是什么？
2. 总体检查：检查每个空间的用品摆放是否合理。
3. 细节检查：检查细节项目是否齐全完整，最好以表格形式呈现，以免漏项。
4. 制度检查：是否有定期的检查制度、维修制度？
5. 记录完整：检查记录是否完整规范。

知识准备

幼儿园是儿童集体生活和学习的场所，此阶段的儿童缺乏安全意识和安全知识，不了解行为的后果；好奇、爱探索、好模仿、活泼好动、性子急、好冲动、好逞强、做事毛糙；身体动作不协调、不灵敏，遇到危险情况时躲避、逃生等应对能力较差。如果设施设备不当，保教活动组织不周全，教师责任心不强，儿童很容易发生安全问题，导致受伤。伤害不仅会给受伤儿童的身心发展造成重大的负面影响，而且会给儿童的家庭生活投上阴影，甚至造成幼儿园的经济损失和沉重的社会负担。由于儿童伤害的发生具有明确的危险因素，因此可以通过有效的策略和措施进行干预，通过加强幼儿园安全管理来预防和控制伤害的发生。

一、幼儿园安全管理无小事

幼儿园安全管理是一个重要而庞大的工程，幼儿园管理无小事。涉及幼儿园安全管理的主要场所及其设施设备的任何一个细节存在隐患都有可能会危及幼儿的安全，会给他们带来危害。如上所述，幼儿园安全管理的范围庞大，既有园内又有园外，涉及的设施设备也很庞杂，有大型设施、家具用具，还有细小的玩教具教学设施。这些设施设备如果质量不合格，就可能存在安全隐患。

知识链接

案例：灯管年久失修，脱落砸伤幼儿

一天下午，某市××幼儿园的小朋友们正在教室内跟老师学唱歌，忽然“啪”的一声响，教室房顶上的一支日光灯管突然脱落掉下，砸在一位小朋友的头部后弹落到地上炸裂开来，鲜血从该小朋友的头上流出来。正在教孩子们唱歌的幼儿园老师见状，立即将她送到医院治疗，并通知了家长。为了治疗，孩子父母共花去4000多元。

分析：本案例中的关键因素是日光灯管脱落。按规定幼儿园要定期检查日光灯管是否合格并记录在册，如果发现灯管不合格要及时更换。如果该幼儿园按规定检查设施设备，就不会导致幼儿受伤，也不会造成经济损失。可见，幼儿园设施设备的定期安全检查制度及其落实是多么重要。

二、严格执行安全管理法律法规

1. 国家重视

党和政府历来非常重视校园安全工作，在国家颁发的多个关于幼儿园管理的文件中都明确指出安全管理的重要性和必要性。《幼儿园教育指导纲要（试行）》明确指出：“幼儿园必须把保护幼儿的生命和促进幼儿的健康放在工作的首位。”《幼儿园工作规程》第十六条指出：“幼儿园应建立房屋、设备、消防、交通等安全防护和检查制度……防止发生各种意外事故。”《幼儿园管理条例》第二十一条指出：“幼儿园的园舍和设施有可能发生危险时，举办幼儿园的单位或个人应当采取措施，排除险情，防止事故发生。”《学生伤害事故处理办法》第九条指出：“如果因为幼儿园设备或管理存在隐患导致孩子受伤，幼儿园应依法承担相应的法律责任。”国家还特别颁发了《中小学幼儿园安全管理办法》，指出办学者应对学校安全工作履行下列职责：①保证学校符合基本办学标准，保证学校围墙、校舍、场地、教学设施设备、教学用具、生活设施设备和饮用水源等办学条件符合国家安全质量标准……②定期对校舍安全进行检查，对需要维修的，及时予以维修；对确认的危房，及时予以改造。③学校应当建立校内安全定期检查制度和危房报告制度，按照国家有关规定安排对学校建筑物、构筑物、设备、设施进行安全检查、检验；发现存在安全隐患的，应当停止使用，及时维修或者更换；维修、更换前应当采取必要的防护措施或者设置警示标识。学校无力解决或者无法排除的重大安全隐患，应当及时书面报告主管部门和其他相关部门。④学校应当建立用水、用电、用气等相关设施设备的安全管理制度，定期进行检查或者按照规定接受有关主管部门的定期检查，发现老化或者损毁的，及时进行维修或者更换。

2. 幼儿园重视

幼儿园高度重视安全管理工作。由园长亲自挂帅，幼儿园设有安全工作领导小组，由组长、副组长和组员组成。班级主班教师是幼儿园安全工作领导小组的组员。安全工作小组负责检查幼儿园安全工作，如日常安全检查、定期安全检查、专项安全检查以及迎接上级的安全检查。如果缺乏安全意识和安全管理方法，就不能及早发现危险的隐患和苗头，就有可能酿成安全意外事故，造成不可挽回的损失。安全管理人人有责，人人都渴望安全与和平，安全是我们生存和发展的前提。幼儿园尤其如此，安全是幼儿园正常保教得以实施的保障。

三、幼儿园环境安全管理的基本内容与范畴

要对幼儿园环境进行安全管理，首先要清楚地认识幼儿园。幼儿园从建筑空间上看，有幼儿园园舍和户外活动操场。幼儿园园舍由幼儿活动及辅助用房、办公及辅助用房、生活用房组成。幼儿园如果按固定资产划分，可以分为七类：土地、房屋及建筑物、专用设备、通用设备、文物和陈列品、图书档案、家具用具及动植物。幼儿园园内及园周边的环境都应纳入幼儿园环境安全管理的范畴。

四、幼儿园班级活动用房及设施的安全管理方法

幼儿园班级活动用房及设施包括：活动室、寝室、卫生间、衣帽间的主体建筑设施和家具用具，以及幼儿园角色区、科学活动区、建构区、益智区、表演区和美劳区等区域的玩教具。每个区域的设施和玩教具规格有具体的要求，如图2-1～图2-3所示。

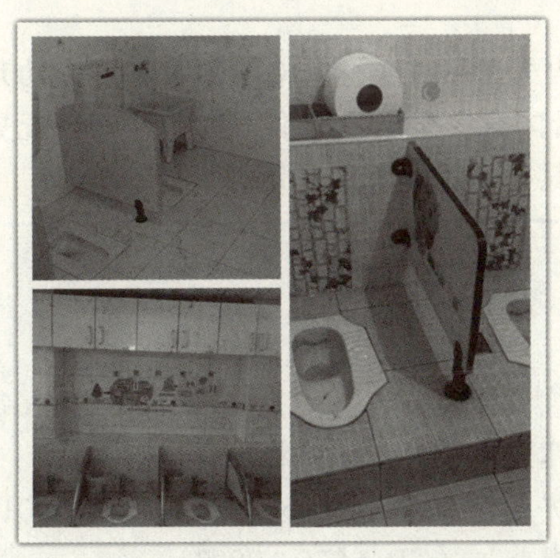

图2-1　幼儿园卫生间防滑防撞安全示例

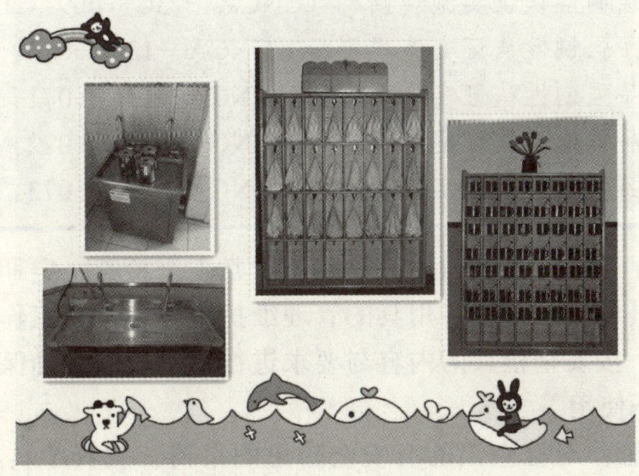

图2-2　幼儿园饮水设施的卫生安全示例

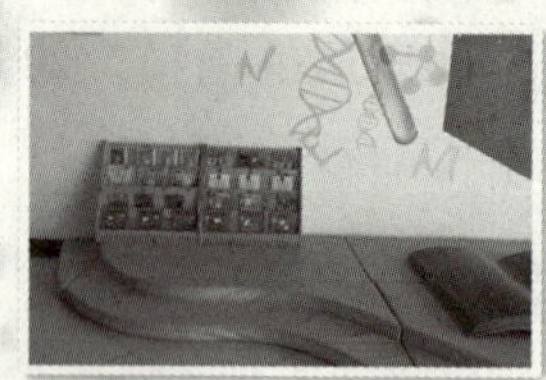

图2-3 幼儿园阅读区的环境安全示例

1. 安全管理总体要求

(1) 购置合格产品：购置产品时要选择正规的制造生产厂家。厂家应具备注册或合法登记的证明资料。购买的产品要符合国家的安全质量标准，并要保管好发票、产品说明书及安全质量保证书。

(2) 严格验收制度：购买产品时实行严格的验收制度。幼儿园购置的所有桌椅、教具学具、床铺等用具必须符合国家安全质量标准。童车、电动玩具、弹射玩具、金属玩具、娃娃玩具、塑胶玩具6类玩具须通过CCC产品认证。

知识链接

幼儿园设施的安全标准

《托儿所、幼儿园建筑设计规范》（JGJ39—2011—5—26征求意见版）
《北京市托儿所、幼儿园办园、所条件标准（试行）》
《建筑内部装修设计防火规范》（GB 50222—95）（2001年修订版）
《国家玩具安全技术规范》（GB 6675—2003）
《童车类产品强制性认证实施规则》（CNCA—13C—068：2010）
《电玩具类产品强制性认证实施规则》（CNCA—13C—069：2010）
《塑胶玩具类产品强制性认证实施规则》（CNCA—13C—070：2010）
《金属玩具类产品强制性认证实施规则》（CNCA—13C—071：2010）
《弹射玩具类产品强制性认证实施规则》（CNCA—13C—072：2010）
《娃娃玩具类产品强制性认证实施规则》（CNCA—13C—073：2010）

(3) 精心管理维护：设专人负责对设施进行日常安全检查、定期安全检查以及专项安全检查。对桌椅、教具学具、床铺等用具的管理维护应作为常规工作，按卫生保健的规定进行日常保洁与消毒，按安全检查的内容与要求进行日常检查，确保在使用过程中始终受到有效控制，得以安全使用。

(4) 及时排除隐患：对检查出的有安全隐患的桌椅、教具学具、床铺等用具及时维修、更换或淘汰。

2. 幼儿园教室桌椅安全管理要点

(1) 检查制度：每日进行检查，确保桌椅高度适宜，边角呈弧形，保持完好无缺陷，如图2-4所示。

(2) 清洁制度：每天用清水擦拭。若兼用于餐桌的，在进餐前按照“清—消—清”的程序和规定动作对桌面进行清洁消毒。在清洁的同时检查设施设备的安全性。

(3) 使用要领：桌椅摆放保持间距。集体活动时前后排座椅要拉开距离，并且提醒幼儿不要晃动椅子，避免挤压手指或磕碰致伤。不要将桌椅摆放到孩子经常走动的地方和盥洗室门口等。请孩子轻身慢步，避免在教室内因跑动猛力碰到桌椅角。

(4) 维修制度：发现掉漆、脱皮、有木刺、晃动不稳的桌椅，及时维修或换掉。

图2-4 幼儿园桌椅边角安全示例

3. 幼儿园玩教具教学设施安全管理要点

(1) 检查制度：幼儿教师在每次使用教具、学具前应仔细检查，确认安全无误后再使用。

(2) 清点制度：教具发放前，老师要清点数量，课后收回时要核对数量，以免发生意外。

(3) 演示制度：所有的学具都要制定使用规则，每次使用前向幼儿讲解和演示。

1) 彩色水笔、油画棒、美术面泥不要放入口、鼻、耳中。

2) 美工类学具，如小剪刀，应使用圆头剪刀。

3) 剪刀递给别人时，要自己拿好剪刀头，将手柄朝向对方。

4) 音乐类教具，如风琴，在使用完毕后要随手放下琴盖，并盖上琴罩，防止幼儿掀盖砸伤手。

……

4. 幼儿园床铺安全管理要点

(1) 保证每一个幼儿一张床铺。

(2) 如果是双层床，还要采取必要的防护措施，如幼儿入睡和起床时增加管理人员，加强管理等。

(3) 床位应避开窗户和电源插座。

(4) 每次收放幼儿活动床时，应检查是否有螺钉松动、零部件缺失，发现故障及时维修。

(5) 幼儿教师不得在幼儿床上躺卧，不得放置个人物品或班内其他物品。

任务实施

步骤一：资源准备。

准备计算机、常用办公软件、常用文具、书、本、存档工具。幼儿园教室设施安全标准见表2-1。

表2-1 幼儿园班级的设施安全标准

序号	安全标准	合格	不合格
1	教室悬挂的物品柜、电视机、电风扇支撑牢固		
2	教室内电源插座和接线板应离地面1.6m以上		
3	地板无裂缝和跷起		
4	幼儿床避开窗户和电源插座		
5	教室门缝处采取防挤手措施		
6	幼儿床、桌椅、暖气罩、玩具柜等无锐利的边角和破损、毛刺，无螺丝缺失		
7	幼儿毛巾挂钩没有尖锐的钉子或突出的铁钩		
8	在存放清洁品的柜子外加锁，防止幼儿触摸		
9	创设幼儿活动区角和环境时不使用玻璃鱼缸、大头针、图钉、钉子等危险物品		
10	盥洗室瓷砖无空鼓、脱落、破损；水龙头完好；地面保持干燥		
11	消毒灯开启时禁止人员进入，避免辐射伤害		
12	使用钢琴、风琴完毕或暂时离开时，随手将琴盖放下，并盖上琴罩		
13	自制或压膜的玩教具，使用前应将边角打磨光滑，以免划伤幼儿		
14	所有的学具都要制定使用规则，每次使用前向幼儿讲解和演示		
15	在每个教室的显眼处均张贴紧急疏散图		

步骤二：对照安全检查要求逐项检查。

(1) 检查标准和制度：检查是否有设施设备安全标准，是否有定期检查制度，是否有检修制度，是否有登记制度，是否有使用流程及要领。

(2) 总体检查：按照上述桌椅、床铺及玩教具的总体安全要求进行对照检查。

(3) 细节检查：对幼儿活动室、睡眠室及盥洗室所有设施设备进行细节性的安全检查。

步骤三：完成安全隐患检查，提出改进措施。

检查班级活动用房及其设施设备后，按照表2-2的格式要求逐项填写，并写出安全管理的好处和需要改进的安全管理隐患，并说明改进的方法。查找问题不是那么容易的，需要反复检查。

表2-2 班级活动用房及其设施安全隐患与改进措施

安 全 隐 患	可能对孩子造成的伤害	改 进 措 施
电源插座摆放位置太低	触电	
暖气片没有防护措施	烫伤	
药品存放随意，幼儿能自己拿到药	误吞导致药物中毒	
厕所的地面上有水	摔伤	
开水壶中的水太烫	烫伤	
……		

任务评价

检查幼儿园班级活动用房的安全任务评价单

评 价 项 目	评 价 标 准
知识：安全检查要点	标准与要求、总体检查、细节检查、制度检查、记录完整
技能：了解幼儿园玩教具教学设施安全管理要点	检查制度、清点制度、演示制度
技能：了解幼儿园教室桌椅、床铺安全管理要点	检查制度、清洁制度、使用要领、维修制度
作业形式：微电影	用微电影记录，加上图表、文字描述

任务小结

由于幼儿伤害的发生具有明确的危险因素，通过有效的策略和措施进行干预，可以预防和控制伤害的发生。一个安全的幼儿园环境，可以使幼儿在幼儿园健康地生活和学习。避免一个班级的幼儿伤害在于防范，防范的关键是心中始终要有安全意识，谨记幼儿园安全无小事，切忌抱有侥幸心理。严格执行幼儿园的安全管理制度和缜密的安全检查方法与要求，可以防患于未然。通过完成本任务，学生能够在以后的工作中具有幼儿园的安全管理的意识和能力。

知识拓展

北京市幼儿园班级区域配备设施玩具规格要求

幼儿园活动区包括角色区、科学活动区、建构区、益智区、表演区和美劳区等，其玩教具规格要求见表2-3～表2-8。

表2-3　角色区玩具规格要求

年龄	名称	种类	规格要求
小班	家庭类	娃娃	可穿脱衣服的娃娃、有性别区分的娃娃、种族不同的娃娃
			毛绒宠物、娃娃服装和鞋帽
		家具	娃娃床或车床、衣柜或衣架、餐桌椅、操作台、灶台
			梳妆台、书架、沙发
		用具	炊具、餐具或茶具、奶瓶、卧具
			模拟家用电器、盥洗用具、仿真食品
	社会类	家具类	物品柜、架，操作台
		用品类	餐厅、商店、角色套装玩具、角色服饰
中班	家庭类	娃娃	有性别区分的、可穿脱衣服的娃娃
			娃娃四季服装、鞋帽
		家具	娃娃床、车床、衣柜或衣架、四人餐桌椅、操作台、灶台、物品架
			书架、沙发或地垫、靠垫等
		用具	床上用品、角色服饰、厨房炊具、餐具、水具、清洁工具、家用电器、洗浴用具、角色道具、购物用具、小童车、仿真食品
	社会类	家具	门脸招牌、物品柜（架）、操作台
		用品	餐厅、医院、商店、美发及其他角色套装玩具、辅助材料
大班	家庭类	娃娃	不同种族的、可穿脱衣服的娃娃以及娃娃服装和鞋帽
		家具	娃娃床、衣柜或衣架、储物柜、四人餐桌椅子、操作台、灶台、梳妆台
		用具	厨具炊具、食物餐具、模拟家电、床上用品、盥洗用品、购物用具、角色道具、娱乐用品
	社会类	家具类	门脸招牌、物品柜（架）、扮演操作台
		用品类	餐厅套装玩具、医院套装玩具、商店套装玩具、美发厅套装玩具、其他角色类套装玩具

表2-4　科学活动区玩具、工具、材料规格要求

年龄	名称	种类	规格要求
小班	玩具	声	发声（八音盒）、传声（电话、回声筒）、声控玩具
		光	反射（凹面、凸面、平面镜）、折射玩具（万花筒）
		力	冲击力（打桩床、打花器）、摩擦力（滑道、刮板）、机械玩具（回力车、发条车）及其他压花剪、弹力球
		空气	充气玩偶、气球、风铃、涡轮
		水	水枪、水车
	工具	信息类	观察盒、图卡
		操作类	吸管、养殖箱、喷壶、小桶、鱼缸、花盆、小铲
	材料	自然物	沙、水、卵石、木块、时令花草、虫鱼
		探究物	透明色片、泡泡水、风车、简易风筝、镜子、筛子、吹管
		模型	布艺蔬菜、水果，软、硬动物模型，动植物印章

（续）

年龄＼名称		种　类	规 格 要 求
中班	玩具	声	传声、发声、声控玩具，声音游戏盒
		光	反射玩具（液态万花筒）、折射玩具（三维空间、哈哈镜）
		电	自发电玩具（手摇发电机、光电陀螺）、电路玩具（电子积木）、电动玩具
		力	重力（沙漏计时器、挂斗天平、撒棍、平衡蛋、木质抽棍）、压力（滚花器）、浮力、离心力、摩擦力玩具（88轨道）
		水	溶解（超级泡泡）、水的游戏盒、喷水器、小水车、水枪
		磁	磁性（碰碰车、叠叠乐）、磁力玩具（磁贴、钓鱼）
		空气	空气车、风筝、航模、小潜艇、吹球游戏
		机械	齿轮玩具（发条车、齿轮组合）、组装玩具
	工具	信息类	温度计、工具书籍、时钟
		操作类	直尺、透明色板、计数材料、观察盒、漏斗、鱼缸、花盆、镊子、颜料吸管、筛子、放大镜
	材料	自然物	植物包埋标本、动物标本、沙石、虫鱼、花草
		探究物	磁块、皮毛、丝绸、透明色板、小弹簧、摩擦棍、颜料
		模　型	人体器官模型，常见家禽家畜、野生动植物模型
大班	玩具	声	传声（共振鼓、对讲机）、发声（雨声响筒、听觉配对筒、齿木）、声控玩具、声音游戏盒
		光	折射玩具（潜望镜、望远镜、手持电影）、反射玩具（拆装万花筒、光学模块组）、光能玩具（太阳能玩具）、光游戏盒
		电	自发电（水果发电机）、导电（挑战者）、电路玩具（电子积木）、电学组合
		磁	磁力玩具（悬浮环、悬陀螺、魔块玩具）、磁游戏盒
		力	惯性玩具（过山车、上下转盘）、重心（平衡盘组、打垒台）、压力（液压玩具）、传动力（碰撞球）、力学玩具盒
		机械	齿轮联动、杠杆玩具（切纸刀）
		环境	生物可降解观察器、造纸、风速计、气象游戏盒
	工具	信息类	地球仪、工具书、显微镜、图卡、寒暑表、日历
		操作类	计数材料（必备）、培养皿、试管、试管架、量杯、导管、镊子、磁棒、注射器、渔网、气囊虹吸管、电流表
	材料	自然物	虫鱼、花草、植物、种子、矿石、木片、贝壳、化石（珊瑚、硅化木）
		探究物	透镜（必备凹透镜、凸透镜、三棱镜）、陀螺轴、U形磁铁、平镜片、金属丝、绝缘体、电珠、滑轮、透明色片、指南针
		模型	人体器官模型、昆虫包埋标本、两栖动物标本、五谷杂粮、植物茎叶根、天文星空模型

表2-5 建构区积木、玩具规格要求

年龄 \ 名称		种类	规格要求
小班	搭建积木	地面软体	个体较大，色彩纯正，红黄蓝等基本色或木本色。外包材质防水，布面、亚光EVA泡沫，无气味（50块左右/包）
		地面空心	边角接缝平滑、无外露钉子，材质不开裂、不变形，色彩纯正，黏合剂与油漆环保无异味（50块左右/套）
		地面实心	积木以大块为主，块体为基本几何形，辅以少量异型；积木的长度、宽度和厚度符合等差比例，每套200块左右
		桌面硬体	主题积木、几何形积木（彩色、木本色）
	插装玩具	插接类 链接类 扣接类 组装类	结构材料块体较大，容易抓握，无误入口鼻隐患；色彩鲜艳纯正、饱满；操作方便，插装方法较为简单；拼插接口稳固
中班	搭建积木玩具	地面空心	边角接缝处平滑，无外露钉子；材质不易开裂和变形；色彩纯正、不掉色；胶和油漆无异味
		地面实心	块体以基本几何形为主、辅以少量异型。积木的长度、宽度和高度应符合等差比例，每套250块左右
		桌面硬体	主题积木、几何体积木
	插装玩具	嵌接类 插接类 链接类 扣接类 磁接类组装类	块体大小适中，无塞入口鼻隐患，色彩丰富、纯正；插接口严密，块体形状多样
大班	搭建积木	地面实心	积木的长度、宽度和高度符合数学等差比例；块体以基本几何形为主，辅以少量的异型，每套300块左右
		桌面硬体	主题积木、几何形积木
	插装玩具	嵌接类 插接类 链接类 扣接类 磁接类 组装类	色彩丰富纯正，无味、不易褪色；块体大小、形状多样，插接口严密

表2-6 益智区玩教具规格要求

班级 \ 名称		种类	规格要求
小班	阅读	图画书	游戏、认物、童话、大开本图书（≥4开）
		图片	常见动物、果蔬、识物卡片，课程相关的大挂图
		有声读物	有声图书、CD、音像故事、磁带
		手偶	指偶、袋偶、模型
	棋牌	纸、木质牌	配对牌、接龙牌（可以自动控制错误）
		游戏棋	单只骰子游戏棋（骰子不小于$8cm^3$）
	镶嵌	平面镶嵌	大、小抓手平面，无抓手平面，墙面镶嵌，单片厚≥1cm
		立体镶嵌	图形嵌接盒、六面拼，单体直径≥5cm
		拼图	8～30块/单幅
	套叠	套叠	套盒、套筒、套塔、套人、套图
	穿编	串珠	单手拨、穿，双手配合穿
		夹、穿线	线板、模型（单个、组合；巧手夹等）
	搭配	分类	配对盒、配对板、对应板、拆解果蔬（可自动控制错误）
		关联	配对螺丝、立体四面拼、排序卡片（排序卡片以3幅图为宜）

表2-7 表演区乐器、道具规格要求

年龄 \ 名称		种　类	规格要求
小班	乐器	金属音色	手铃、脚铃、串铃、碰钟、铃板镲、小铃鼓、铃鼓圈
		木质音色	双响筒、木鱼、蛙鸣筒、舞板、沙锤、响板
		鼓	小堂鼓、小钢鼓
		旋律乐器	管琴、铝板琴
	道具	服饰	头饰、服装、纱巾、彩带、手偶、毛绒玩具
		舞美	舞台背景、化妆镜、化妆盒
		视听设备	录音机、CD光盘、VCD光盘、DVD光盘、磁带、回声筒
中班	乐器	金属音色	角铁、铃鼓、碰钟、牛铃棒、串铃、铁沙铃、小钹、小铜钟
		木质音色	双响筒、加沟梆子、沙槌、多音响筒、刮棒、打板、双头木筒、鱼蛙、木鱼、齿木
		旋律乐器	高音钢片琴、木琴、旋律钟组
		鼓	堂鼓、大鼓、小军鼓、儿童架子鼓
	道具	服饰	头饰、发饰、服装、纱巾、彩带、手偶
		舞美	舞台背景或木偶台、背景、化妆盒、镜子
		视听设备	录音机、磁带、CD光盘、DVD光盘、音像带、小麦克风
大班	乐器	金属音色	碰钟、三角铁、中型铃鼓、铃鼓圈、双手摇铃、手握式串铃、手指铜钹、锡锣、大镲（任选5种）
		木质音色	高低音棒子、木鱼、双响筒、打棒、舞板、沙槌、舞棒、枫机响棒、蛙鸣筒、雨声响筒
		旋律乐器	小钟琴，电子琴，铝管琴，木音砖，中、低音木琴
		鼓类	手鼓、大军鼓、队鼓、架子鼓、堂鼓、定音鼓
	道具	服装类	动物服饰，民族服装，戏剧、主题服装
		饰物类	头饰、纱巾、彩带、纸偶
		舞美	小舞台或木偶台、背景、幕布、化妆台、穿衣镜
		视听设备	录音机、磁带、CD光盘、音像带、麦克风

表2-8 美劳区材料规格要求

年龄 \ 名称		种　类	规格要求
小班	绘画类	笔	6色粗杆水彩笔
			6色油画棒、粗大蜡笔
			黑色水彩笔（软笔头）
			方头排笔（笔头宽窄各异）、无尘粗粉笔
		纸	4～16开图画纸、彩色复印纸、宣纸、白报纸、异型纸
		绘画工具	海绵棒、粗棉签、海绵滚子、印章、滚珠、涂鸦板、画架
		绘画材料	纸绘胶、手指颜料、水粉颜料、彩色印泥
		欣赏画	适合小班欣赏的名画印刷品、仿制品
	制作类	民间艺术	种类：染纸、面具、剪纸、泥塑
			材料：宣纸、餐巾纸、手工纸、面具胚子、陶泥、彩泥
			工具：泥工板、泥工刀、安全剪刀、花边剪、颜料、胶带、调色盘、模具
		手工制作	种类：软、硬纸工，泥工，玩玩做做
			材料：美工纸（手工纸、皱纹纸、旧报纸、广告纸）、塑形泥（胶泥、彩泥、面泥、纸黏土）、造型物（彩色毛条、自然物）
			工具：安全剪刀、花边剪、模具、泥工板

（续）

<table>
<tr><th>年龄 \ 名称</th><th></th><th>种　类</th><th>规格要求</th></tr>
<tr><td rowspan="17">中班</td><td rowspan="9">绘画</td><td rowspan="5">笔</td><td>12色水彩笔</td></tr>
<tr><td>12色油画棒</td></tr>
<tr><td>黑色水彩笔（笔头软）</td></tr>
<tr><td>签字笔（黑色）</td></tr>
<tr><td>水彩笔（5#～10#）、水粉笔、大楷笔</td></tr>
<tr><td>纸</td><td>画纸（图画纸、异型绘画纸、水粉纸、各色卡纸、彩色复印纸、宣纸、刮画纸、砂纸）、画布（亚麻、的确良、白棉布、针织布）</td></tr>
<tr><td>绘画工具</td><td>粗、细棉签，刮画笔，滚子，滚珠，喷壶，吹管，调色板，模型板</td></tr>
<tr><td>绘画材料</td><td>水粉色、水彩色、国画颜料、彩砂、丙烯颜料</td></tr>
<tr><td>欣赏画</td><td>中西近代大师画作印刷品、临摹品</td></tr>
<tr><td rowspan="6">制作类</td><td rowspan="3">民间艺术</td><td>种类：风筝、扎染、陶艺、面具、剪纸</td></tr>
<tr><td>材料：风筝胚子、白布、染料、线绳、陶土、黄泥、面具胚子、白卡面具、模板面具、彩色工艺纸</td></tr>
<tr><td>工具：泥工板、塑料切刀、拉胚机、模具、剪刀</td></tr>
<tr><td rowspan="3">手工制作</td><td>种类：软、硬纸工，泥工，小制作</td></tr>
<tr><td>材料：美工纸（胶带手工纸、皱纹纸、彩色卡纸），塑型泥（面泥、胶泥、软陶、彩泥、纸黏土），造型物（毛条、绒球、纺织品、自然物）；半成品（塑料眼睛、光片异型木片、异型画纸）</td></tr>
<tr><td>工具：普通剪刀、花边剪刀、泥板、模具，胶棒、滚花器</td></tr>
<tr><td rowspan="9">大班</td><td rowspan="9">绘画</td><td rowspan="5">笔</td><td>12色油画棒、水溶性油画棒</td></tr>
<tr><td>12色彩色铅笔、水溶性彩色铅笔</td></tr>
<tr><td>黑色签字笔</td></tr>
<tr><td>6色荧光彩笔</td></tr>
<tr><td>毛笔、水粉笔</td></tr>
<tr><td>纸</td><td>纸：图画纸、水粉纸、水彩纸、彩色卡纸、彩色复印纸、宣纸、吹塑纸、油画纸、刮画纸、砂纸
布：亚麻布、的确良、白棉布、文化衫
半成品：绘画手偶、异型纸、异型木片</td></tr>
<tr><td>绘画工具</td><td>粗、细棉签，刮画笔，滚子，滚珠，喷壶，吹管，调色盒</td></tr>
<tr><td>绘画材料</td><td>水粉颜料，水彩颜料，国画颜料，丙烯颜料、彩砂、金粉</td></tr>
<tr><td>欣赏画</td><td>不同风格的油画、水粉、水彩、水墨、版画等中外名家名画印刷品或临摹品</td></tr>
<tr><td rowspan="6"></td><td rowspan="6">制作</td><td rowspan="3">民间艺术</td><td>种类：风筝、扎染、陶艺、面具、剪纸</td></tr>
<tr><td>材料：风筝胚子、白布、染料、线绳、软陶、黄泥、面具胚子、白卡面具、模板面具、彩色工艺纸</td></tr>
<tr><td>工具：泥板、塑料切刀、模具、剪刀</td></tr>
<tr><td rowspan="3">手工制作</td><td>种类：软、硬纸工，泥工，创意制作</td></tr>
<tr><td>材料：美工纸（手工纸、皱纹纸、彩色卡纸、报纸、广告纸、挂历纸、纸餐具），塑型泥（面泥、黄土泥、软陶、橡皮泥、纸黏土），造型物（绒毛条、绒球、泡沫球、七彩丝、自然物、废旧材料），半成品（塑料眼睛、光片、平板羽毛、木制蛋、人、勺）</td></tr>
<tr><td>工具：花边剪刀、胶棒、美工板、打花器、模切机、拉胚机、切纸刀</td></tr>
</table>

任务二　检查幼儿园户外活动设施的安全

学习目标

1．了解幼儿园户外活动的必要性和安全管理的重要性，养成安全管理的意识和习惯。

2．了解幼儿园户外活动设施设备的安全标准，掌握幼儿园户外活动设施设备的安全检查要点。

3．能发现户外活动设施安全隐患，并提出修改方案。

任务描述

该所幼儿园有2.5m高的标准铁艺围墙，户外活动场地2000多m^2，有塑胶地面的户外活动操场、大型滑梯和其他体育器材。假如你现在是该幼儿园园长助理，园长要求你仔细检查全部户外活动设施，并书写检查报告，提交修改建议。

任务分析

完成本任务需分析以下要点：

1．该幼儿园都有哪些户外活动场地和设施？户外活动设施的摆放是否合理？

2．该幼儿园户外活动设施是否安全？是否有安全隐患？

3．该幼儿园是否有户外活动设施检查制度和消毒制度？

4．该幼儿园户外活动是否有严格的游戏规则？

知识准备

一、户外活动的必要性和安全管理的重要性

幼儿园意外安全事故多发生于幼儿在运动和游戏中，轻者擦伤流血，重者划口缝针，甚至扭伤骨折，严重者可能危及生命。有的教师为了防止幼儿发生意外事故，不组织户外活动，有的即使组织去户外也不做活动，这是不合适的。幼儿园保育和教育的主要目标是促进幼儿身体正常发育和机能的协调发展，发展智力，增强体质，培养良好的生活习惯、卫生习惯和参加体育活动的兴趣。《托儿所幼儿园卫生保健工作规范》明确指出：幼儿园要“保证儿童每日充足的户外活动时间。全日制儿童每日不少于2小时，寄宿制儿童不少于3小时，寒冷、炎热季节可酌情调整”。幼儿园户外游戏活动不仅是让幼

儿享受阳光、体验快乐，更主要的是发展幼儿的体能和增强幼儿的体质。系统的户外游戏活动，既可以达到幼儿园健康教育的目的，又可以促进幼儿认知能力的发展，提高智力和学习成绩。

二、全方位干预，防止意外伤害发生

由于幼儿户外安全事故的发生具有明确的危险因素，通过有效的策略和措施进行干预，可以预防和控制伤害的发生。首先要制定合理的运动和游戏项目，严格遵守运动游戏规则，准备合适的体育器材和场地，选择符合运动安全要求的服装，做好户外活动设施的安全检查，以及在幼儿运动时做好其周围的安全保护，可以有效防止运动中突发事故的发生。

幼儿着装要符合运动的要求。不合适的着装，如鞋子、帽子、衣服上的带子都关系到幼儿活动的安全。如一个真实案例：一个4岁的女孩穿着一件带帽子的上衣参加运动，在从攀登架上下来时，帽子不慎被器械突出的部位挂住，致使她整个人被悬挂起来，幸亏老师及时发现并解救，才避免了女孩因窒息而死亡。再如，由于幼儿的鞋太大不跟脚导致幼儿摔倒受伤的情况时有发生。女孩户外活动时由于穿皮鞋跑动导致脚扭伤甚至骨折的现象也有报道。所以在运动前一定要按要求换上运动鞋，不要怕麻烦。否则可能会造成不必要的伤害和法律纠纷，甚至经济损失。

严格遵守运动游戏规则。幼儿园工作者都知道安全须知以及其他安全法规，也知道幼儿运动游戏的规则和流程方法。可是光知道是远远不够的，还必须做到，因此要严格要求幼儿遵守游戏规则，及时保护幼儿的安全。

三、幼儿园户外活动设施安全检查要点

幼儿园活动场地和体育器材可供幼儿进行户外运动和游戏，以发展幼儿的体能，增强幼儿的体质，而且还可以促进智力发展。操场地面凹凸不平或有障碍物、丢弃物，均会绊倒幼儿，造成幼儿活动伤害；室外大型玩具、运动器械不牢固以及设施周围的硬地面也会造成幼儿受伤；游乐设施锈蚀、断裂、破损和尖锐异物凸起等会划伤幼儿；大型运动器械如荡船、秋千等与其他运动器械间距太近也容易发生相互撞伤。所以幼儿园户外活动设施的安全检查非常重要，除了检查大型玩具、体育器材外，还要检查围墙、护栏、操场地面、紧急出口、水、电、气、摄像头等，如图2-5、图2-6所示。

图2-5 幼儿园户外活动设施安全示例一

图2-6　幼儿园户外活动设施安全示例二

要对户外活动项目的安全要求牢记在心，发现问题及时维修，不要拖拉抱侥幸心理。如案例滑梯固定不到位造成幼儿伤残。某幼儿园中班的小朋友正在操场开展户外体育活动，某小朋友趁老师不注意，溜到场地旁边的滑梯玩，不慎从未固定好的滑梯上摔下，并被倾倒的滑梯压住，造成伤残。该滑梯是幼儿园本学期新购设施，上周发现滑道和滑梯平台间出现断裂，园方已在滑梯周围围上栏杆，并在旁边和滑梯口处设置“禁止攀玩”的警示牌，通知各班教师不能让幼儿玩滑梯。同时幼儿园已与玩具生产商取得联系，要求维修或更换，生产商答应一周内上门维修。但不幸的是悲剧竟然就在此间发生了。事发后该幼儿的家长向幼儿园索赔，但幼儿园认为滑梯在购置不到半年内出现问题，尚在保修期内，园方报修后厂家未上门维修，生产商和销售商提供不合格产品和不及时、不到位的服务是造成这起事故的主要原因，认为家长应向滑梯生产商、销售商索赔。至于园方，发现滑梯出现问题后已经采取了防范措施，应该没有责任。到底谁说得对呢？家长应该向幼儿园还是向滑梯的生产商、销售商提出损害索赔？幼儿园、教师及家长应从中吸取哪些教训呢？

任务实施

步骤一：资源准备。

准备计算机、常用办公软件、常用文具、书、本、存档工具。

步骤二：对照安全检查要求逐项检查户外设施设备。

检查要点：

（1）检查制度：检查是否有设施设备检查制度，是否有定期消毒制度，是否有检修制度。

（2）注重细节：深入幼儿园户外活动场地，对照幼儿园户外安全设施要求逐个检查，见表2-9。检查时不要走过场，而是要停下来，看一看，摸一摸，摇一摇，踢一踢，细心检查每一个小细节，往往细节决定成败。

（3）逐项检查：不仅要对照项目单，按要求逐项检查，还要向园长了解幼儿园的户外特殊项目，如项目名称、器材准备、场地区域、活动时间等。

（4）反复检查：印象不深的反复再看。

（5）及时汇报：发现问题立刻记录，并及时向相关责任人汇报情况，协助处理。

表2-9　幼儿园户外设施设备检查项目及要求

项　目	要　求
园舍围墙	高度符合国家要求（2.5m以上），墙壁无裂缝、无鼓胀、无倾斜
户外围栏	牢固无松动
楼梯扶手	护栏及防护栅栏无锈烂、无松动
门窗	窗扇牢固、无掉扇，门窗玻璃无破损、无裂纹
落地大玻璃	为钢化玻璃，设警示标识
楼梯走廊	没有封堵，疏散通道畅通
操场地面	操场地面平整，没有凹陷或障碍物，清除操场上坏掉的玩具、玻璃或者丢弃物，以免绊倒
大型玩具	室外大型玩具、运动器械固定牢固，设施周围要铺设塑胶地面。游乐设施无锈蚀、断裂、破损和尖锐异物凸起等
运动器械	荡船、秋千等运动器械放置时与其他运动器械拉开相应的间距，周围有防护装置
种植区	园内没有种植有毒、带刺、有飞絮、病虫害多、有刺激性气味的植物
悬挂物	灯、展板、悬挂物品等牢固
摄像照明	摄像监控、照明灯正常，用电线路接头及开关无破损、无裸露

步骤三：完成幼儿园户外设施安全检查并提出改进措施。

按要求写出其设施设备合格和不合格的地方，着重说明需要改进的安全管理隐患，并说明改进的方法，见表2-10。

表2-10　安全隐患与改进措施

项　目	合　格	不合格	改进措施
园舍围墙			
户外围栏			
楼梯扶手			
门窗			
落地大玻璃			
楼梯走廊			
操场地面			
大型玩具			
运动器械			
种植区			
悬挂物			
摄像照明			
……			

任务评价

检查幼儿园户外活动设施的安全任务评价单

评价项目	评价标准
知识：户外活动设施设备安全检查项目要求	围墙围栏、楼梯扶手、操场地面、大型玩具、运动器械、种植区、悬挂物、摄像照明
技能：解决问题的能力	能提出合理有效的安全隐患改进措施
作业形式：电子版	用图表表示

任务小结

安全的幼儿园户外活动设施可以让教师和幼儿在大自然的阳光下自由地游戏和活动，也可以让家长放心、园长省心。一个安全的户外环境可以给幼儿户外活动提供基本的安全保障，但是仅有安全的设施还是不够的，还要有严格的安全游戏规则以及符合幼儿年龄特点的游戏，以及合适的幼儿运动着装。安全的户外环境的营造和维持在于日常严格的检查和维护，遇有问题提出警戒，及时维修，避免小洞不补大洞吃苦。

知识拓展

北京市幼儿园体育活动区设施设备规格要求

体育活动区设施设备包括大型器械、中小型器械、手持玩具以及场地环境等，其规格要求见表2-11。

表2-11　体育活动区设施设备规格要求

年龄 \ 名称		种类	规格要求
小班	大型	攀爬滑行	小型滑梯、攀登架、钻爬隧道限高1.6m以下
		摆动平衡	荡船或荡桥、踩踏板、小型秋千限高1.6m
		旋转弹跳	弹簧动物、小蹦床、转椅或转亭座高限高0.5m以下
	中小型	运行类	摇马、三轮车、脚踏车、步行车、大龙球直径65～80cm
		钻爬类	弓形门、钻网、爬垫、爬筒、钻筒直径50cm
		投掷类	趣味投掷篮、投掷板
	手持	球类	小皮球、小刺球、橄榄球、大皮球直径15～25cm
		圈类	塑料圈、方向盘
		投掷类	软飞盘、降落伞、风车、小沙包（150g）
		拖拉类	拖拉玩具、动物玩具尾巴

（续）

年龄＼名称		种类	规格要求
中班	大型	攀爬滑行	中型滑梯、螺旋、波浪滑梯组合限高2.2m
		摆动平衡	中型荡船、跷板、轮胎秋千、座板秋千
		旋转弹跳	蹦床、转筒
	中小型	运行类	三轮脚滑车、儿童自行车、独轮小推车、平衡脚踏车、滑板车
		平衡类	平衡梯、平衡隧道、梅花桩、滚筒、大龙球、组合平衡板、平衡木
		钻爬类	隧道钻筒、钻筒、钻杆、弓形门（高50～60cm）
		投掷	小篮筐、拳击袋、投掷物
		弹跳	蹦床、弹跳球、跨栏、小跳箱（限高45cm）
	手持	球	大小皮球、触摸球、实心球、小足球
		圈	塑料圈、藤圈、铁环、小轮胎
		投掷	布飞盘、塑料飞盘、沙包、拉力器
		绳	单人跳绳、马缰绳
		其他	小高跷、跳袋、风车、过河石
大班	大型	攀爬滑行	攀登、滑梯、爬网、攀岩
		摆动平衡	秋千、荡船或荡桥、跷跷板、滚筒
		弹跳类	弹簧座椅、压力板、蹦床
		旋转类	大转筒、大陀螺、平衡旋转器
	中小型	运行类	独轮车、平衡车、滑板车、摇摇车、两轮车
		钻爬类	钻杆、爬网、隧道、钻筒、弓形门（50～60cm）
		投掷类	篮球架、投掷板、拳击袋、拳击靶、磁性投靶
		平衡类	平衡板、平衡步道、大龙球，平衡木（长300cm、宽10cm、高30cm，两端有长宽各20cm的平台）
	手持	球类	乒乓、板羽、网球、拉力、触摸球，大球（15cm）、网球（重50g）
		绳、棍类	长绳、皮筋、小空竹、陀螺、体操棒、短绳
		圈、袋类	呼啦圈、体操圈、铁环、跳袋
		投掷类	飞镖、飞盘、降落伞、沙包、高尔夫、保龄球、垒球
		平衡爬行	高跷、大鞋、动物掌、过河石
场地环境	1．环境创设应因地制宜，自然、丰富。如设置卵石路、小土坡、沙水池、小型工具、玩具收纳箱等 2．地面质地多样，软硬兼顾，大型器械下要排除安全隐患 3．场地设计合理，有给、排水系统及儿童厕所 4．场地平整，布局划分合理，便于集体、分散活动的需要		

任务三　撰写幼儿园周边环境的安全报告

学习目标

1．了解《中小学幼儿园安全管理办法》，增强防范保护意识。
2．了解幼儿园周边安全管理项目，掌握幼儿园周边安全检查的要点。
3．练习制作微电影和演示文稿。

任务描述

该幼儿园坐落于一个地级市的成熟社区，位于公共的居民生活区中，居民生活配套设施齐全，有商场、医院、小学等，日常来来往往的人员较多。假如你是该幼儿园的园长助理，请你去了解并收集一些幼儿园周边的安全信息，包括周边街道、马路、停车场等区域的安全状况；周边餐厅、超市、银行等区域的安全状况；周边公园、活动场地及其他便民设施等区域的安全状况，然后整理一份幼儿园周边安全信息的报告，并提出安全管理的方案。

任务分析

完成本任务需分析以下要点：

1. 分析《中小学幼儿园安全管理办法》中与幼儿园周边环境安全管理相关的内容和要求。
2. 列出幼儿园周边安全相关的项目及内容。
3. 访问社区地段民警、居民以及商业服务人员，了解社区的治安状况。

知识准备

一、幼儿园周边安全管理的必要性

幼儿园周边环境复杂，有的位于独立的社区中，有的位于街边。多数幼儿园周边环境包罗万象，既有居民及房屋，又有周边街道、马路、停车场，还有餐厅、超市、银行、公园等，这对幼儿园的安全管理增加了难度。2008年东北师范大学的李俊祺在他的学位论文《幼儿园安全事故分析与完善安全预防对策研究》中通过对34起幼儿园意外伤害的分析，认为幼儿园主要意外伤害事故的直接原因是外来的侵害，占29.4%，导致这些外来侵害的社会原因是现在社会发展飞速，人员流动大，工作生活压力大，导致犯罪嫌疑分子仇视社会，报复社会。由此可见，幼儿园周边的安全管理是非常重要的。

二、幼儿园周边安全管理要点

教育部、公安部、建设部、交通部等部门于2006年一起签署颁发了《中小学幼儿园安全管理办法》，建立校园周边整治协调工作机制。多部门联合，一起维护校园及周边环境安全。幼儿园根据校园周边的安全管理制定了管理的项目及内容，见表2-12。

表2-12　校园周边安全管理项目及内容

项　　目	内　　容
周边建筑	在学校围墙或建筑物周围是否有建工程以及高压电设施设备
周边工业	在学校周边是否有加工、生产、销售易燃易爆、剧毒、放射性、腐蚀性等危险物品
周边网络	在学校周围200m范围内是否设立有互联网上网服务营业场所
警示标识	校园周边区域是否设立学校标志 在学校门前路段是否设立禁停、警示、限速标识、标线、人行横道线、行人过街标识
警力支持	公安机关交通管理部门是否安排警力维护学校出入口道路交通秩序
周边人群	周边区域是否有不良团伙敲诈勒索师生等现象，是否滋扰学校正常教学秩序
周边营业场所	周边区域营业场所如电子游戏机、酒吧、网吧是否影响学校正常教育教学秩序
其他	周边区域是否存在着其他危害师生人身安全的情形或者重大安全隐患

知识链接

《中小学幼儿园安全管理办法》（节选）

第四十七条　教育、公安、司法行政、建设、交通、文化、卫生、工商、质检、新闻出版等部门应当建立联席会议制度，定期研究部署学校安全管理工作，依法维护学校周边秩序；通过多种途径和方式，听取学校和社会各界关于学校安全管理工作的意见和建议。

第四十八条　建设、公安等部门应当加强对学校周边建设工程的执法检查，禁止任何单位或者个人违反有关法律、法规、规章、标准，在学校围墙或者建筑物边建设工程，在校园周边设立易燃易爆、剧毒、放射性、腐蚀性等危险物品的生产、经营、储存、使用场所或者设施以及其他可能影响学校安全的场所或者设施。

第四十九条　公安机关应当把学校周边地区作为重点治安巡逻区域，在治安情况复杂的学校周边地区增设治安岗亭和报警点，及时发现和消除各类安全隐患，处置扰乱学校秩序和侵害学生人身、财产安全的违法犯罪行为。

第五十条　公安、建设和交通部门应当依法在学校门前道路设置规范的交通警示标志，施画人行横线，根据需要设置交通信号灯、减速带、过街天桥等设施。在地处交通复杂路段的学校上下学时间，公安机关应当根据需要部署警力或者交通协管人员维护道路交通秩序。

第五十一条　公安机关和交通部门应当依法加强对农村地区交通工具的监督管理，禁止没有资质的车船搭载学生。

第五十二条　文化部门依法禁止在中学、小学校园周围200米范围内设立互联网上网服务营业场所，并依法查处接纳未成年人进入的互联网上网服务营业场所。工商行政管理部门依法查处取缔擅自设立的互联网上网服务营业场所。

第五十三条　新闻出版、公安、工商行政管理等部门应当依法取缔学校周边兜售非法出版物的游商和无证照摊点，查处学校周边制售含有淫秽色情、凶杀暴力等内容的出版物单位和个人。

第五十四条　卫生、工商行政管理部门应当对校园周边饮食单位的卫生状况进行监督，取缔非法经营的小卖部、饮食摊点。

任务实施

步骤一：资源准备。

准备计算机、常用办公软件、常用文具、书、本、存档工具。查找幼儿园安全案例录像、新闻资料等。

步骤二：对照检查。

深入幼儿园周边，对周边的建筑、工业、网络、人群、营业场所等进行对照检查，注意观察幼儿园学校的警示标识，并了解是否有地段民警的警力支持。咨询地段民警，了解有可能危害幼儿安全的可疑人员，如精神病人。

步骤三：撰写幼儿园周边环境的安全报告。

根据任务分析的内容实地考察幼儿园后，撰写幼儿园周边环境的安全报告，并提出安全管理的方案，见表2-13。

表2-13　幼儿园周边环境安全隐患与改进措施

项　目	检查结果	安全隐患	改进措施
周边建筑			
周边工业			
周边网络			
警示标识			
警力支持			
周边人群			
周边营业场所			
其他			

任务评价

撰写幼儿园周边环境的安全报告任务评价单

评价项目	评价标准
知识：幼儿园周边安全检查项目与要求	周边建筑、周边工业、周边网络、警示标识、警力支持、周边人群、周边营业场所
技能：解决问题的能力	能提出合理有效的安全隐患改进措施
技能：采访能力	能采访周边居民和民警
作业形式：微电影，演示文稿	图文并茂

任务小结

如今很多民办或公立幼儿园园址所处地段均是商业网点多、生活服务设施多、公共场所多、整治工作难度大，这样就蕴含了很多安全隐患。幼儿园周边各种治安案件时有发生，我们怎样才能通过自身的努力为幼儿创造一个充满安全与舒适感的童话世界呢？幼儿园周边环境的安全尤为重要，这需要我们尽更大的心力去创造和维护。现实生活中我们忽略的事情越多，幼儿的幸福感可能就会越远。

知识拓展

门卫安全管理不当导致的事故及对策，见表2-14。

表2-14　门卫安全管理不当导致的事故及对策

事　故	原　因	对　策
外来的侵害导致幼儿伤害	门卫管理不严，外来人员闯入	（1）门卫和保安应是经过安全保卫技能培训的强健男性 （2）要预备防卫器械，如电警棍、木棍、钢叉、防切割手套等 （3）严格执行门卫制度，在家长接送孩子时必须站在门口把关，无接送卡的人拒绝进园，对陌生人要严加查问，严防可疑人员进入
幼儿被冒领	外来人员拿着捡到或偷来的接送卡将孩子冒领	（1）幼儿园要实行接送卡制度，必须由固定接送人持卡接送 （2）卡上要有接送者的照片 （3）幼儿班级和姓名由代码和编号代替，切记不要有幼儿的姓名和照片
幼儿被绑架	别有用心的亲戚或熟人骗领孩子	对于非固定接送者来接孩子，包括亲戚朋友，教师必须给固定接送者打电话核实，得到许可后方能让其接走
幼儿跑出幼儿园	幼儿在初入园时情绪焦虑或在幼儿园受挫，为逃避集体生活，乘人不备独自离园回家	（1）针对新入园幼儿，要安抚其情绪，缓解幼儿初入园时情绪焦虑 （2）加强班级的门口安全管理 （3）加强门卫的安全管理，锁好大门

任务四　消毒幼儿园班级用具

学习目标

1．了解国家法定传染病。
2．学习幼儿园室内环境及物品的消毒方法。
3．掌握幼儿园班级环境及物品的消毒方法。
4．了解幼儿园卫生消毒管理的重要性和必要性及幼儿园卫生消毒管理制度。

任务描述

该幼儿园有专职保健医1名、兼职保健医2名，全面负责幼儿园的保健工作。幼儿园主班教师要对本班级的卫生消毒工作负责，不仅要清楚地知道幼儿园的卫生保健制度、班级环境和物品的卫生消毒方法，还要指导配班教师和保育员进行班级的卫生消毒。假如你现在是一个幼儿园班级的主班教师，请你把班级的环境和物品归类，分别写出空气、餐具类、桌面类、毛巾类、便器类、图书类的清洁消毒方法，并用浓度配比正确的次氯酸钠消毒毛巾类织物。

任务分析

完成本任务需分析以下要点：

1. 对幼儿园班级物品进行分类。
2. 确定用哪种卫生消毒方法：物理消毒法还是化学消毒法。
3. 确定选择消毒液浓度和频率。
4. 正确配比消毒液浓度。
5. 记录准确、详细。

知识储备

一、幼儿园卫生消毒的重要性与必要性

尽管我们的生活水平有了很大的提高，但我国传染病的发病情况仍十分严峻。其中与幼儿园十分密切相关的手足口病、其他感染性腹泻病、流行性腮腺炎、流行性感冒和风疹依然是前五位高发的丙类传染病。如手足口病系肠道病毒感染所致的急性传染病，多发于学龄前儿童，与幼儿园集体生活密切相关，高发于4～7月，而且手足口病发病呈上升趋势。卫生部疾病预防控制局网站公布的“2014年度全国法定传染病疫情概况”显示，发病数居前五位的病种依次为手足口病、其他感染性腹泻病、流行性感冒、流行性腮腺炎和急性出血性结膜炎，占丙类报告发病总数的99.57%；死亡数居前三位的为手足口病、流行性感冒和其他感染性腹泻病，占丙类传染病报告死亡总数的99.47%。

知识链接

法定传染病

甲类传染病：鼠疫、霍乱。

乙类传染病：病毒性肝炎、细菌性和阿米巴性痢疾、伤寒和副伤寒、艾滋病、淋病、梅毒、脊髓灰质炎、麻疹、百日咳、白喉、流行性脑脊髓膜炎、猩红热、流行性出血热、狂犬病、钩端螺旋体病、布鲁氏菌病、炭疽、流行性和地方性斑疹伤寒、流行性乙型脑炎、黑热病、疟疾、登革热。

丙类传染病：肺结核、血吸虫病、丝虫病、包虫病、麻风病、流行性感冒、流行性腮腺炎、风疹、新生儿破伤风、急性出血性结膜炎以及除霍乱、痢疾、伤寒和副伤寒以外的感染性腹泻病。

二、幼儿园卫生要求

《托儿所幼儿园卫生保健工作规范》（2012）中明确提出托儿所幼儿园的十大卫生保健工作内容与要求（一日生活安排、儿童膳食、体格锻炼、健康检查、卫生与消毒、传染病预防与控制、常见病预防与控制、伤害预防、健康教育、信息收集）。其中在卫生与消毒方面明确指出“托幼机构应当建立室内外环境卫生清扫和检查制度……室内应当有防蚊、蝇、鼠、虫及防暑和防寒设备……保持室内空气清新、阳光充足……卫生洁具各班专用专放并有标记……保持玩具、图书表面的清洁卫生”的环境卫生要求，也特别指出了工作人员应当保持仪表整洁，注意个人卫生。饭前便后和护理幼儿前应用肥皂、流动水洗手；上班时不戴戒指，不留长指甲；不在园（所）内吸烟。

三、幼儿园预防性消毒方法

任何环境和物品有其特殊有效的消毒方法。方法合适可以杀灭病原体，减少感染的机会，如果浓度不足或者频率不够则起不到消毒的作用。《托儿所幼儿园卫生保健工作规范》明确提出了托幼机构环境和物品要用物理消毒法或化学消毒法做预防性的消毒，见表2-15。各省市根据《托儿所幼儿园卫生保健工作规范》制定了更详细的幼儿园室外和室内环境及物品的消毒方法，详见当地的幼儿园卫生消毒方法。

表2-15　托幼机构环境和物品预防性消毒方法

消毒对象	物理消毒方法	化学消毒方法	备　注
空气	开窗通风每日至少2次；每次至少10～15分钟		在外界温度适宜、空气质量较好、保障安全性的条件下，应采取持续开窗通风的方式
	采用紫外线杀菌灯进行照射消毒，每日1次，每次持续照射时间60分钟		1．不具备开窗通风空气消毒条件时使用 2．应使用移动式紫外线杀菌灯。按照每立方米1.5瓦计算紫外线杀菌灯管需要量 3．禁止紫外线杀菌灯照射人体体表 4．采用反向式紫外线杀菌灯在室内有人环境持续照射消毒时，应使用无臭氧式紫外线杀菌灯
餐具、炊具、水杯	煮沸消毒15分钟或蒸汽消毒10分钟		1．对食具必须先去残渣、清洗后再进行消毒 2．煮沸消毒时，被煮物品应全部浸没在水中；蒸汽消毒时，被蒸物品应疏松放置，水沸后开始计算时间
	餐具消毒柜、消毒碗柜消毒		1．使用符合国家标准规定的产品 2．保洁柜无消毒作用。不得用保洁柜代替消毒柜进行消毒
毛巾类织物	用洗涤剂清洗干净后，置阳光直接照射下暴晒干燥		暴晒时不得相互叠夹。暴晒时间不低于6小时
	煮沸消毒15分钟或蒸汽消毒10分钟		煮沸消毒时，被煮物品应全部浸没在水中；蒸汽消毒时，被蒸物品应疏松放置
		使用次氯酸钠类消毒剂消毒。使用浓度为有效氯250～400mg/L、浸泡消毒20分钟	消毒时将织物全部浸没在消毒液中，消毒后用生活饮用水将残留消毒剂冲净

（续）

消毒对象	物理消毒方法	化学消毒方法	备注
抹布	煮沸消毒15分钟或蒸汽消毒10分钟		煮沸消毒时，抹布应全部浸没在水中；蒸汽消毒时，抹布应疏松放置
		使用次氯酸钠类消毒剂消毒。使用浓度为有效氯400mg/L，浸泡消毒20分钟	消毒时将抹布全部浸没在消毒液中，消毒后可直接控干或晾干存放；或用生活饮用水将残留消毒剂冲净后控干或晾干存放
餐桌床围栏、门把手、水龙头等物体表面		使用次氯酸钠类消毒剂消毒。使用浓度为有效氯100～250mg/L，消毒10～30分钟	1. 可采用表面擦拭、冲洗的消毒方式 2. 餐桌消毒后要用生活饮用水将残留消毒剂擦净 3. 家具等物体表面消毒后可用生活饮用水将残留消毒剂去除
玩具、图书	每两周至少通风晾晒1次		适用于不能湿式擦拭、清洗的物品 曝晒时不得相互叠夹。暴晒时间不低于6小时
		使用次氯酸钠类消毒剂消毒。使用浓度为有效氯100～250mg/L，表面擦拭，浸泡消毒10～30分钟	根据污染情况，每周至少消毒1次
便盆、坐便器与皮肤接触部位，盛装吐泻物的容器		使用次氯酸钠类消毒剂消毒。使用浓度为有效氯400～700mg/L，浸泡或擦拭消毒30分钟	1. 必须先清洗后消毒 2. 浸泡消毒时将便盆全部浸没在消毒液中 3. 消毒后用生活饮用水将残留消毒剂冲净后控干或晾干存放
体温计		使用75%～80%乙醇溶液、浸泡消毒3～5分钟	使用符合《中华人民共和国药典》规定的乙醇溶液

四、严格执行消毒记录检查制度

除了按照《托儿所幼儿园卫生保健工作规范》的要求进行清洁卫生消毒外，还要建立严格的消毒记录检查制度，见表2-16。

表2-16 班级卫生消毒检查记录表

日期	班级	消毒物体										
		开窗通风	餐桌	床围栏	门把手	水龙头	图书晾晒	玩具	被褥晾晒	厕所	其他	……

注：以“✓”的方式完成此表。

任务实施

步骤一：资源准备。

准备计算机、常用办公软件、常用文具、书、本、存档工具，还要备有《托幼机构环境和物品预防性消毒方法》以及基本的消毒工具。

步骤二：确定消毒的方法。

先把幼儿园班级物品进行分类，然后写出每类物品的消毒方法。幼儿园班级环境物品清洁消毒方法通常分为：空气，餐具、炊具与水杯，毛巾类织物，抹布，餐桌、床围栏、门把手、水龙头等物体表面，玩具与图书，便盆、坐便器与皮肤接触部位和盛装吐泻物的容器，体温计八类。

步骤三：选择消毒液按浓度要求配比，最后进行物品消毒。

任务评价

消毒幼儿园班级用具的任务评价单

评价项目	评价标准
知识：不同类别物品的消毒方法	能把幼儿园班级物品正确分类，并选择合适的消毒方法
技能：消毒方法	能正确配比消毒液浓度，并掌握清洁消毒方法
作业形式：微电影	用微电影展示清洁消毒技能

任务小结

传染病是传染性病原体通过传播途径传染给易感人群导致的流行疾病。预防传染病的有效方式是杀灭病原体，切断传播途径，增强易感人群的免疫力。幼儿园是一个集体生活的教育机构，幼儿免疫力较低，容易被传染。为了幼儿的健康，幼儿园要严格遵守国家的卫生消毒制度，选择合适的消毒方法对环境及物品进行有效消毒，从而杀灭病原体，减少感染的机会。

知识拓展

幼儿园环境和个人卫生

一、环境卫生

（1）托幼机构应当建立室内外环境卫生清扫和检查制度，每周全面检查1次并记录，为儿童提供整洁、安全、舒适的环境。

（2）室内应当有防蚊、蝇、鼠、虫及防暑和防寒设备，并放置在幼儿接触不到的地方。集中消毒应在幼儿离园（所）后进行。

（3）保持室内空气清新、阳光充足。采取湿式清扫方式清洁地面。厕所要保持清洁通风、无异味，每日定时打扫，保持地面干燥。便器每次用后及时清洗干净。

（4）卫生洁具各班专用专放并有标记。抹布用后及时清洗干净，晾晒、干燥后存放；拖布清洗后应当晾晒或控干后存放。

（5）枕席、凉席每日用温水擦拭，被褥每月暴晒1～2次，床上用品每月清洗1～2次。

（6）保持玩具、图书表面的清洁卫生，每周至少进行1次玩具清洗，每2周图书翻晒

1次。

二、个人卫生

(1) 儿童日常生活用品专人专用，保持清洁。要求每人每日1巾、1杯专用，每人1床位1被。

(2) 培养儿童良好卫生习惯。饭前便后应当用肥皂、流动水洗手，早晚洗脸、刷牙，饭后漱口，做到勤洗头、洗澡、换衣、勤剪指（趾）甲，保持服装整洁。

(3) 工作人员应当保持仪表整洁，注意个人卫生。饭前便后和护理儿童前应用肥皂、流动水洗手；上班时不戴戒指，不留长指甲；不在园（所）内吸烟。

单元小结

本单元我们学习了与幼儿园安全管理和卫生消毒相关的法律法规、管理知识和安全管理方法；了解了幼儿园的安全管理和幼儿园卫生消毒安全管理的重要性和必要性；增强了安全意识，并完成了四个任务：检查幼儿班级活动用房的安全，检查幼儿园户外活动设施的安全，撰写幼儿园周边环境的安全报告以及对幼儿园班级用具进行消毒。

幼儿园的一日生活包罗万象，既有生理需要的各个环节，还有认知类的教学活动以及体能类的户外活动。由于一日生活环节交替繁杂，加之幼儿园的工作对象是幼儿，平常工作中来不得半点马虎和松懈。一些看似很小的事情和疏忽都有可能成为幼儿园幼儿伤害的隐患，从而酿成大祸。教师的安全意识和责任心尤为重要，按常规的安全制度进行落实是防范安全意外事故的主要办法。

单元检测与练习

1. 幼儿园环境安全管理的基本内容与范畴是什么?
2. 幼儿园幼儿活动用房及设施的安全管理方法主要有哪些?
3. 幼儿园活动用房及其设施设备的细节检查要领有哪些?
4. 幼儿园户外活动设施设备的安全标准要点是什么?
5. 幼儿园周边安全管理项目及检查要点有哪些?
6. 国家法定传染病有哪些?
7. 幼儿园室内环境及物品的消毒方法有哪些?

学习单元三

体验幼儿园人身安全管理

单元概述

本单元所介绍的内容是幼儿园安全管理的重中之重。从学习幼儿跌倒的干预和处理的有效措施开始，逐步扩展到地震和消防的安全演练，再到幼儿园食品卫生营养的安全，都进行了有条理、详细的阐述。我们以一名教师或者园长助理的身份深入幼儿园，了解幼儿园的人身安全应急预案和管理方法。通过完成演练幼儿园幼儿意外跌倒的处理、演练幼儿园地震的逃生组织、演练幼儿园火灾的逃生组织及制订幼儿园一周食谱的采买计划四个任务，初步了解了幼儿园意外跌倒的干预和跌倒伤的处理原则，地震的基本常识和地震逃生紧急预案的组织演练，火灾隐患的检查方法和消防基本知识及消防逃生的基本要领及组织演练，儿童平衡营养膳食和幼儿园食物卫生质量要求及食物采买计划。

本单元旨在培养学生的人身安全管理意识，使其掌握相关方法，注重培养学生在幼儿园管理方面的实际能力，为学生今后胜任幼儿园安全管理工作岗位奠定坚实的基础。

单元目标

1. 了解跌倒的影响因素。
2. 熟悉跌倒的干预策略。
3. 掌握跌倒的紧急救助步骤。
4. 了解跌倒伤的初步处理原则。
5. 了解地震的基本常识。
6. 了解地震防护知识。
7. 了解幼儿园地震逃生的紧急预案。
8. 掌握演练幼儿园地震逃生的组织方法。
9. 了解幼儿园火灾的应急预案。
10. 掌握幼儿园火灾隐患的排查方法。
11. 掌握防火逃生的基本要领。
12. 认识消防设施器材标识和消防安全疏散标识。
13. 了解幼儿园儿童营养评价。
14. 了解儿童膳食及营养需求。
15. 了解幼儿园食物卫生质量要求。
16. 了解中国儿童膳食营养素参考摄入量。
17. 掌握平衡膳食营养素的计算要领。

任务一　演练幼儿园幼儿意外跌倒的处理

学习目标

1．了解跌倒的影响因素。
2．熟悉跌倒的干预策略。
3．掌握跌倒的紧急救助步骤。
4．了解跌倒发生轻伤的初步处理原则。
5．了解跌倒发生骨折的现场急救原则。
6．了解跌倒发生头部伤的急救处理原则。

任务描述

该幼儿园户外活动场地划分为游乐设施区、体育活动区、戏水玩沙区和种植饲养区。场地设计布局合理，便于集体、分散活动，地面平整，大型器械下有安全跌落保护区。幼儿园每天有正常的户外活动时间，上午、下午各一个小时。一天，一名5岁幼儿在户外自由跑动时为了躲避突然滚过来的篮球崴了左脚踝，喊疼，不敢动。这时你应该怎么处理？

任务分析

演练本任务需要考虑如下问题：
1．了解跌倒的种类。
2．熟知跌倒紧急救助步骤。
3．分析跌倒伤的种类。
4．了解各种跌倒伤的处理原则。

知识准备

一、跌倒/跌落的概念

世界卫生组织把跌倒定义为“使人不慎跌倒在地面或地板或其他地面较低的地方的事

故。与跌倒有关的伤害可以是致命或非致命的伤害”。卫生部疾病预防控制局于2011年编写的《儿童跌倒伤害干预技术指南》中指出跌倒“是指突发的、不自主、非故意的体位改变，倒在地上或更低的平面”。跌倒包括两类，即从一个平面到另一个平面的跌落，以及同一平面的跌倒，如摔倒、滑倒、绊倒等。

二、跌倒干预策略

在不同的国家和地区，由于生活环境不同，造成儿童伤害死亡的原因有所不同，排在前五位的主要是意外窒息、溺水、中毒、交通伤害、跌倒（跌落）。吴凡等于2004年在北京、上海、广州三大城市对0～14岁儿童意外伤害进行调查，结果显示：跌倒/跌落是造成儿童意外伤害的主要原因（占34.7%），并且学校、幼儿园是跌倒受伤高发的第二位场所，学校、幼儿园的体育活动也是跌倒受伤的第二位主要原因。如果跌倒伤程度超过了人体的恢复能力，就会造成幼儿伤害。跌倒依据伤害的程度有轻有重，轻者是一般的擦伤、划伤、扭伤，不会危及生命；中者骨折，需要住院治疗；重者如脑损伤、内脏器官损伤甚至危及生命，必须紧急救治。跌倒致残后不仅影响生存质量，危害心理健康，还会增加社会和家庭的经济负担。

跌倒的综合干预可以降低跌倒的发生率，也可以减轻幼儿的伤害程度。世界卫生组织提出跌倒的干预流程是“评估现状并提出问题、确认危险因素、制定和评估干预措施、实施干预”。青海省中小学经评估确认危险因素后，进行了加固楼道防护栏、铺设塑胶跑道、增设警示语和标志等伤害预防综合干预措施后，跌倒发生率由10.9%下降到6.0%以下。

幼儿跌倒是幼儿本身的因素、致伤因素和环境因素三方面共同作用的结果。我们应该从这三大方面着手进行综合干预，防止跌倒的发生。落实安全制度，提供安全的产品和安全的环境，选择合适的运动项目和活动器材，加强伤害预防的教育，加强教师对幼儿的看管等是预防跌倒、减轻伤害严重程度的重要措施。

1. 落实安全制度

（1）成立安全组织，制定安全监督制度。

（2）制定户外活动设施的使用规则。

（3）制定明确的意外伤害处理流程。

（4）做好伤害监测报告，指定专人收集和查看已填写的伤害报表。

（5）每月检查学校的房屋和用地安全，主要是户外活动区。

2. 提供安全的产品和安全的环境

幼儿园要采购安全合格的产品，并为幼儿准备安全的环境：

（1）户外活动区域开阔、平整，地上不要放置障碍物，无尖锐器物。

（2）增加大型器械的安全性能和安全装置，如器械底面铺橡胶等，预防运动场相关跌倒。

（3）保证游乐设施，运动器械维修状况良好。

（4）桌子、椅子、柜子角、床角、盥洗室墙转角等处安装保护角。

（5）卫生间铺防滑垫。

（6）楼梯要有扶手、防滑胶垫。

3. 选择合适的游戏和器材

教师组织户外游戏和体育活动时，要选择合适的游戏项目和活动器材，并做好防护措施，剧烈运动时佩戴保护装置，如头盔、护膝、护腕等，以降低幼儿发生跌倒的危险。

知识链接

户外游戏活动材料的选择应注意哪些安全问题？

（1）活动的材料应坚固耐用，方便幼儿使用。

（2）运动器械以木质、塑料为好，避免提供过硬、过重的器具。

（3）进行攀爬和跳跃活动时，提供软质的场地或防护垫，如户外地胶运动场地、人工草坪场地。

（4）对年龄小的幼儿避免提供细小尖锐的材料。

（5）游戏前可和幼儿一起说说该游戏的危险之处，让幼儿有意识地控制、保护自己。

4. 加强预防伤害的安全教育

运动场环境的调整和改进并不足以预防运动场上发生的伤害。只要儿童的危险行为还存在，就可能引起伤害。因此对儿童危险行为进行干预也是预防跌伤的另一重要方面。开展预防幼儿伤害的安全教育、提高家长的安全意识和幼儿对意外伤害的自我防范意识是预防幼儿伤害的重要工作。幼儿意外伤害自我防范意识的缺乏和危险行为极易造成跌倒。如排队行走时有人推闹、上下楼梯拥挤、地面湿滑等很容易摔倒，磕伤下巴、脸部、四肢等。安全教育中要强调行为和认知的一致性，不仅要提高观念，还要改善行为。幼儿园安全教育中要强调以下几点内容：

（1）遵守排队的规则。

（2）遵守游戏的规则。

（3）不要猛跑，不要离开教师的视线。

（4）上下楼梯靠右侧通行，手把扶手，一级一级地上下楼梯。

（5）遵守器械使用规则，如滑梯使用规则：有秩序地上下滑梯；坐稳扶好，双腿并拢，自然滑下不停留；不能反方向攀爬滑梯，不能在滑梯上站立、打闹等。

任务实施

步骤一：资源准备。

准备伤口清洁消毒的用品、急救包扎的用品及常见伤害急救手册。

步骤二：跌倒紧急救助步骤。

幼儿跌倒关系着幼儿伤害的严重程度，幼儿园教师和保健医要及时妥当处理。如果教师缺乏对跌倒伤害的判断能力，缺乏处理意外事故的意识和能力以及粗心大意都会延误病情。幼儿园教师要了解跌倒可能发生的伤害，要学会判断伤情，以免判断错误，延误病情。

急症救助的目的是将幼儿的伤害降低到最低限度，减少幼儿的痛苦，当伤害可能危及生命时，通过及时正确的救助，可以挽回幼儿的生命。当幼儿跌倒时，教师应立即派人报告保健医，由保健医根据伤情给予及时处理，并及时告知家长其孩子的真实情况，需要去医院的及时送往专科医院救治。严禁教师私自带幼儿去医院。

(1) 观察现场：在短时间内观察现场，了解情况，如发生了什么事，共有多少幼儿受伤。

(2) 判断生命安危：在30秒内观察幼儿的外观、呼吸、心跳等情况，决定是否打急救电话。如果发现幼儿呼吸困难，先实施呼吸急救，并拨打120。在可能情况下实施包扎、止血等紧急救助。

(3) 照看其他幼儿：立即对现场其他幼儿进行妥善安排。

(4) 通知家长：尽快与家长取得联系。

(5) 与幼儿沟通：尽快与受伤的幼儿和当时在现场的幼儿沟通，了解情况，安慰他们。

(6) 记录：对事故经过进行详细记录，必要时保护现场。

步骤三：演练幼儿园幼儿意外跌倒的处理。

(1) 演练擦伤、裂伤、挫伤的初步处理。

擦伤：擦伤是以表皮的剥脱翻卷为主要表现的损伤。发生擦伤时，应先清洁创面，然后涂擦外用药物。

裂伤：裂伤也称撕裂伤，是开放性软组织损伤的一种。发生裂伤时，应先止血后转运，止血的步骤是盖—压—包。

挫伤：挫伤是由于跌倒直接作用于人体软组织而发生的非开放性损伤。挫伤24 小时内用冷毛巾、冰袋外敷。

(2) 演练跌倒发生骨折的现场急救。

1) 骨折的判断：如幼儿患肢停止活动，患处肿胀、隆起、青紫、畸形，患处拒绝触摸，可能是骨折。骨折的特有体征如图3-1所示。

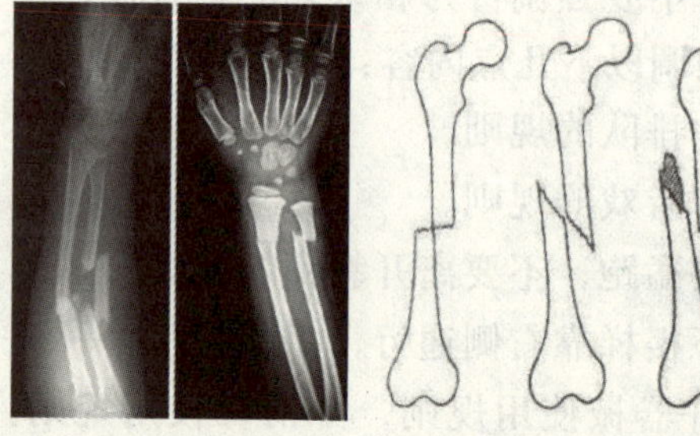

图3-1 骨折的种类示例

① 畸形：骨折段移位可使患肢外形发生改变，主要表现为缩短、成角或旋转畸型。

② 异常活动：正常情况下肢体不能活动的部位，骨折后出现不正常的活动。

③ 骨擦音或骨擦感：骨折后，两骨折端相互摩擦时可产生骨擦音或骨擦感。

2) 骨折的救治原则：如果判断可能有骨折，尽量不要移动幼儿，先固定后转运。如果骨折端突出伤口外，不能纳入伤口内，在固定前先用无菌纱布覆盖开放伤口。对畸形严重的肢体，不应强行牵拉。

(3) 演练跌倒发生头部受伤的紧急处理。如果幼儿头部受伤，导致意识不清，要立即叫救护车。同时应将意识不清的幼儿侧卧，手放在头下。这种姿势有助于减少舌头向咽喉部的滑落，预防舌头影响呼吸。

尽管幼儿跌倒后有时会很快恢复，但有时头部损伤的反应表现得较晚，因此，应密切关注幼儿的反应。如果幼儿说某一局部部位疼痛或有困倦表现，那么需要赶快就医。

任务评价

演练幼儿园幼儿意外跌倒的处理任务评价单

评价项目	评价标准
知识：跌倒的基本概念 跌倒干预策略	影响跌倒的因素和跌倒的种类 落实安全制度；提供安全的产品和安全的环境；选择合适的游戏和器材；加强预防伤害的安全教育
技能：跌倒伤的基本处理技能	跌倒紧急救助步骤 擦伤、裂伤、挫伤的初步处理 跌倒发生骨折的现场急救 跌倒发生头部受伤的紧急处理
作业形式：演练	演练擦伤的初步处理 演练跌倒发生头部受伤的紧急处理

任务小结

幼儿跌倒是幼儿园常见的意外伤害。通过有效的干预，如落实安全制度，提供安全的产品和安全的环境，选择合适的运动项目和活动器材，加强伤害预防的教育，加强教师对幼儿的看管等，可以预防、减少、杜绝跌倒的发生，减轻伤害严重程度。当意外跌倒发生后，教师和保健医采取正确的跌倒紧急救助步骤、跌倒伤的处理原则以及及时正确的救助，可以将幼儿的伤害降低到最低限度，减少幼儿的痛苦，挽回幼儿的生命。通过完成本任务，学生能够在以后的工作中具有幼儿园幼儿意外跌倒的安全管理意识和能力。

知识拓展

头部受伤处理

（1）人体的头部即使受到小伤也很容易流血，此时应进行直接压迫止血法。

（2）头部受伤时，即使没有什么特别的症状出现，也一定要接受诊疗，尽可能安静地休息24小时为佳。如可能的话，最好是在医生或护士的照顾下安静地休息。

（3）如果出现下列症状时，应特别注意：

1）受伤时稍微失去意识。

2）眼睛的周围、鼻或耳部有出血现象。

3）受伤后，有恶心或呕吐的现象。

4）渐渐失去了意识。

5）出现痉挛、麻痹或言语障碍的现象。

6）越来越感到头痛。

（4）应让伤者平躺，或头部稍抬高地躺着，不要让伤者步行，慢慢观察伤者的伤后状态。

（5）不要乱使用止头痛、止恶心等症状的药物。 如果头部撞伤时，较严重的情形有可能发生头颅骨的破裂，所以绝不可轻视撞伤的事故。同时应注意尽量避免入浴。幼儿受伤后，如果有哭泣反而是一好现象，这即表示幼儿仍有意识感觉。另外在受伤后，可以在其眼前用玩具逗他/她玩，如果幼儿伸手拿取时，即表示幼儿有正常的开心表现。但如果用各种方法都不能引起幼儿的反应，应特别注意。在饮食方面，不要一次给予太多量食物。应少量地给予食物，同时特别要注意是否有发生恶心或者呕吐的现象。

任务二　演练幼儿园地震的逃生组织

学习目标

1．了解地震的基本常识。
2．了解地震的防护知识。
3．了解幼儿园地震逃生的紧急预案。
4．掌握演练幼儿园地震逃生的组织方法。

任务描述

该所幼儿园坐落于一个地级市的成熟社区，社区有高层住宅、宽敞的马路和小公园，小公园有较大的绿地和社区活动场地。幼儿园系独立三层楼建筑，远离社区的高楼，园内有户外活动操场和绿地，幼儿园有五个安全出口，安全设施达到国家安全标准。幼儿园每学期要组织一次地震紧急逃生的演练。请按照地震逃生的要求和地震紧急预案组织演练。

任务分析

《中华人民共和国防震减灾法》中提出，学校应当进行地震应急知识教育，组织开展必要的地震应急救援演练，培养学生的安全意识和自救互救能力。《中小学幼儿园应急疏散演练指南》中指出，中小学校每月至少要开展一次应急疏散演练，幼儿园每季度至少要开展一次应急疏散演练。

组织演练幼儿园地震逃生要思考演练准备是否充分，主要包括以下几个方面：

1．演练方案：是否内容完整、简洁规范、责任明确、路线科学、措施具体、便于操作。

2．逃生组织机构及职责：机构是否完整，职责是否明确。

3．应急疏散路线：是否科学，是否通畅。

4．安全教育：是否完善。

5．物质准备：是否齐全。

知识准备

地震是自然灾害中的杀手之王，我国因地震死亡人数占国内所有自然灾害造成死亡人数的50%以上。其中，1976年河北唐山地震，24万多人死亡；2008年四川汶川地震，近9万人死亡或失踪，如图3-2所示。我们来了解一些地震的基本常识和防护知识。

图3-2 唐山地震和汶川地震

一、地震基本常识

地震是地球内部运动引起地表震动的一种自然现象。由于地球内部的温度和压力分布是不均匀的，因而造成了地球内部物质不停地做缓慢运动，在这些巨大力量的长期作用下，有些岩石会发生倾斜、变形。当地球内部的能量积累到一定程度时，一些本身比较脆弱或有些轻微裂隙的岩层就会在这种力量下产生剧烈的震动，这样地震就发生了。地球上板块与板块之间相互挤压碰撞，造成板块边沿及板块内部发生错动和破裂，这是引起地震的主要原因，如图3-3所示。

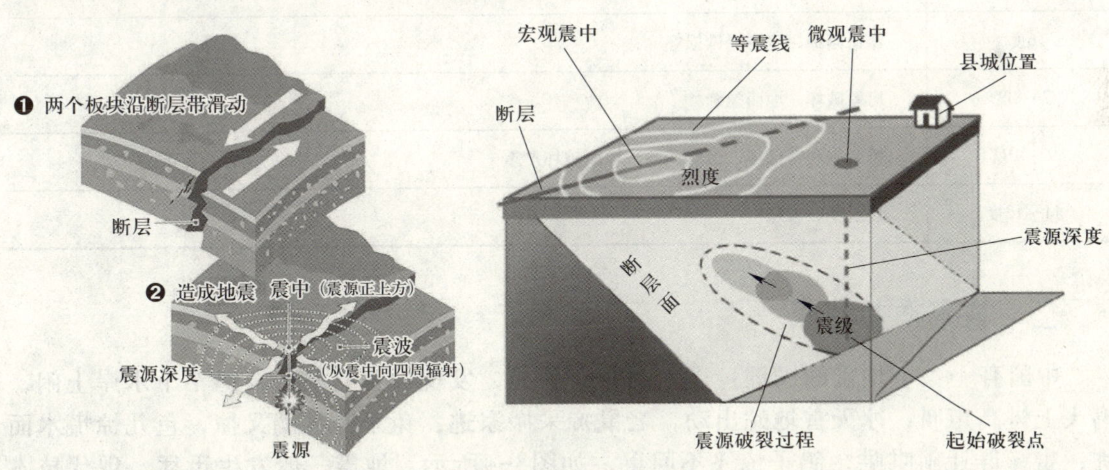

图3-3 地球板块错动和破裂是地震的主要原因

1. 地震震级

因地球内部缓慢积累的能量释放而引起的地球表面的震动有强有弱，这种强弱是用地震的震级来表示的。

地震有强弱之分，震级是用以衡量地震本身强度的“尺子”，是衡量地震大小的一种度量。震级可以通过地震仪器的记录计算出来，它的单位是“级”，从超微震、微震到大震及特大地震，每一次地震只有一个震级。震级的大小与地震释放的能量有关，地震释放的能量越多，震级就越高。迄今为止，世界上记录到最大的地震为8.9级，是1960年5月22日发生在南美洲的智利地震。

(1) 超微震：小于1级地震，人感觉不到，是无感地震。

(2) 微震：1～3级地震，人感觉不到，是无感地震。

(3) 小震：3～5级地震，人能够感觉到，一般不会造成破坏。

(4) 中震：5～7级以上地震，能够造成破坏。

(5) 强震或者大震：7级以上地震。

(6) 特大地震或者巨震：8级以上。

2. 地震烈度

地震发生时，人们通常用地震烈度来描述地面遭受地震影响和破坏的程度，简称烈度。烈度的大小是根据人的感觉、室内设施的反应、建筑物的破坏程度以及地面的破坏程度等综合评定的，它的单位是“度”。地震影响和破坏程度越大，地震烈度就越大。对同一个地震，不同的地区，烈度大小是不一样的。距离震源近，破坏就大，烈度就高；距离震源远，破坏就小，烈度就低。如地震在远方，可感觉到水平晃动；震中在附近，可感觉上下震动接着水平晃动。震级大，震动持续时间长，震级小，震动持续时间短，见表3-1。

表3-1 地震烈度

3度	少数人有感，仪器能记录到
4～5度	睡觉的人会惊醒，吊灯摆动
6度	器皿倾倒，房屋轻微损坏
7～8度	房屋破坏，地面裂缝
9～10度	桥梁、水坝损坏，房屋倒塌，地面破坏严重
11～12度	毁灭性的破坏

二、地震防护知识

中国有一关于地震的民谣：震前动物有前兆，发现异常要报告；鸭不下水岸上闹，鸡飞上树高声叫；冰天雪地蛇出动，老鼠痴呆搬家逃；兔子竖耳蹦又撞，鱼儿惊慌水面跳；蜜蜂群迁闹哄哄，鸽子惊飞不回巢，如图3-4所示。地震一般发生迅猛，现代技术还不能准确预报地震的发生时间和地点，在城市中也不易发现像民谣中所说的地震前兆现象。平时我们不仅要做好应对地震的物质准备，还要加强学习和模拟演练。震前的学习和模拟演练，有助于我们了解地震的科学常识，正确地认识地震，掌握地震的应急避险技能，消除对地震的恐惧心理，培养安全意识和自救互救能力。只有定期开展全园师生地震应急救援演练，全面检查幼儿园震前的应急准备，保证地震应急工作能及时、高效开展，才可以在地震真的来临时临危不惧，采取正确合适的避震方法，躲过地震的劫难，尽可能地减少人员生理上和心理上的伤害。

图3-4　地震前兆

1. 震前准备

（1）物质准备：幼儿园除了常备必需的生活用品及必要的常用药品外，还要准备地震后特殊环境下的必备用品，如食品、水、铁锤、衣服、电筒、卫生纸、毛毯、照相机等。以备在地震灾难发生时可以采取自救，保障地震救援人员到达前的基本保暖和食物及饮用水的供应。

（2）熟悉环境：首先要了解房屋的抗震性能。一般来说，抗震性能为优的房屋是较安全的区域，也就是建筑达到国家的抗震设防标准（抗6～9度）的房屋是较安全的。还要熟悉居住和工作的环境（门的开向、通道方向、台阶高低、紧急出口、空旷场地方位等），便于及时采取地震避险和地震逃生措施，充分利用大震的预警时间和下一次余震到来的时间差迅速撤离。

2. 避震原则

地震是由于地球上板块与板块之间的相互挤压碰撞，造成板块边沿及板块内部发生错动和破裂。地震发生后，逃生尽可能选择对生理、心理和财产都无伤害或伤害较小的安全目标区域和活命三角区。

（1）地震逃生安全目标。定期进行地震迅速逃离至安全目标区的演练，可以增强地震避震的意识，提高地震的逃生技能。地震逃生分为广义的地震逃生和狭义的地震逃生。广义的地震逃生是指逃生个体为应对地震采取自救的各种措施和行为。狭义的地震逃生是指地震发生后，人员逃离到安全目标区的过程。一般来说，不受滑坡、海啸、倒塌物等威胁的室外平坦、空旷地带是最安全的区域，如操场、大面积的草地、农田等；室外和抗震性能为优的房屋是较安全的区域，见表3-2。

表3-2　安全区等级表

安全等级	可能实现的安全目标	特点描述	典型区域
Ⅰ	A	不受滑坡、海啸、倒塌物等威胁的室外空旷地带	如操场、公园、大面积的草地、农田等
Ⅱ	B	房屋一般不倒塌，可能受到轻型坠物、室内家具倒塌伤害的区域	离房屋、高耸物较近的室外，抗震性能为优的房屋室内
Ⅲ	C	房屋一般不倒塌，可能受到重型坠物、室内墙倒塌伤害的区域	离房屋、高耸物较近的室外，抗震性能为良的房屋室内
Ⅳ	D	房屋倒塌，但是通常存在可容纳人生存的空间	砌体房屋的卫生间等
Ⅴ	D	房屋倒塌，有一定可能性形成可容纳人生存的空间	砌体房屋的桌下、床下

地震发生后，应该采取一切措施保护生命，尽可能地减少人员生理上的伤害；在生命和健康能够保证的前提下，尽可能地减少心理伤害和财产损失。也就是说，地震发生后，逃生尽可能选择对生理、心理和财产都无伤害或伤害较轻的安全目标区域。地震逃生安全目标根据生理、心理和财产三方面的伤害和损失程度从轻到重分为A、B、C、D四级：

A级地震逃生安全目标：逃生人员生理未受伤害，同时心理也没有伤害，财产损失轻微。

B级地震逃生安全目标：逃生人员生理未受轻伤，心理有受惊吓，财产有一定的损失。

C级地震逃生安全目标：逃生人员生理有轻伤但未受严重伤害，财产损失较为严重。

D级地震逃生安全目标：逃生人员有重伤但可生存，财产损失严重。

（2）避震活命三角区。地震逃生是减少人员伤亡的重要措施，逃生方式决定了最终伤亡情况。当地震发生时要迅速找到地震活命三角区去躲避。通过对多次地震调查表明：地震时，室内房屋倒塌后形成的三角空间，往往是人们得以幸存的相对安全地点，可称其为避震空间。也就是发生地震时可以构成三角区的空间，这主要是指大块倒塌体与支撑物构成的空间。室内易于形成三角空间的地方是：坚固家具附近；内墙墙根、墙角；厨房、厕所、卫生间、储藏室等开间小的地方，如图3-5、图3-6所示。

图3-5　地震活命三角区示例一

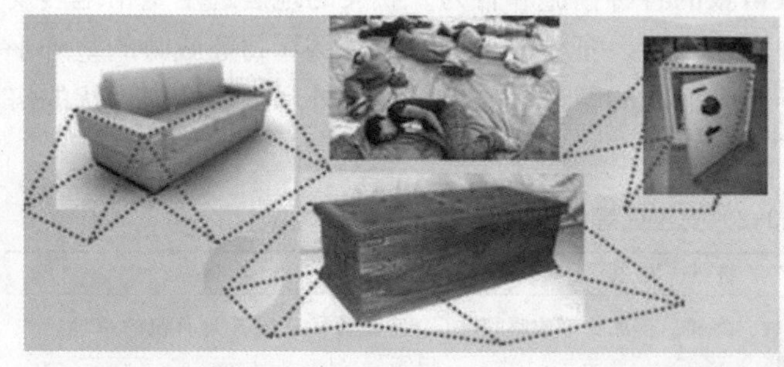
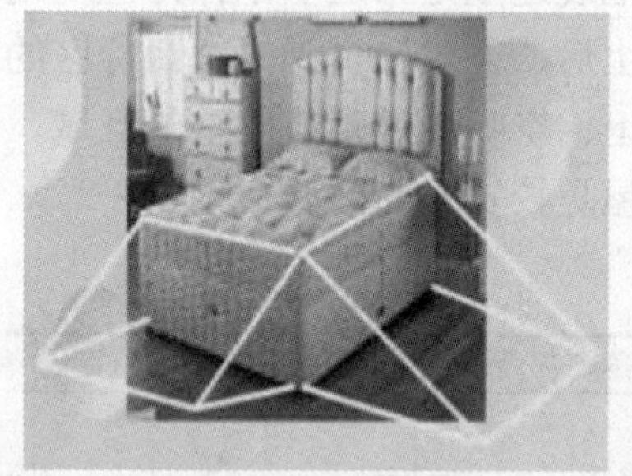

图3-6　地震活命三角区示例二

1）学校避震。

地震时千万不能跳楼，不要乘电梯，不要到窗边和外墙边，不要到阳台上，不要到床上和房屋中央，不要马上回屋找贵重物品和衣物。

身体应采取的姿势是伏而待定，蹲下或坐下，尽量蜷曲身体，降低身体重心。抓住桌腿等牢固的物体。保护头颈、眼睛，掩住口鼻。避开人流，不要乱挤乱拥，不要随便点明火，因为空气中可能有易燃易爆气体。在砖混结构教室，大震时，先躲避到墙角、墙柱下及讲台旁边，注意不要站在房间的大梁下面。在木结构瓦顶教室，学生应双手抱头迅速躲在课桌下或坚固物体旁。

在操场或室外时，可原地不动蹲下，双手保护头部，注意避开高大建筑物或危险物。千万不要回到教室去。在学生宿舍，因宿舍房间面积小，故相对安全。坚固物品旁、墙脚、厕所等是最好的紧急避震之处。

地震过后，为防余震造成再一次破坏，老师要指挥幼儿有秩序地迅速撤离到空旷地带，不要让幼儿到处乱跑或蜂拥挤向楼梯，切忌跳楼，以免造成非地震伤亡。

2）公共场合避震。

听从现场工作人员的指挥，不要慌乱，不要拥向出口，要避免拥挤，避开人流，避免被挤到墙壁或栅栏处。

选择结实的设备（如低矮家具等）、柱子边以及内墙角等处，就地蹲下，用手或其他东西护头。

避开玻璃门窗、玻璃橱窗或柜台；避开高大不稳或摆放重物、易碎品的货架；要避开广告牌、吊灯等高耸物或悬挂物。

3）户外避震。

就地选择开阔地蹲下或趴下，以免摔倒；不要乱跑，避开人多的地方；不要随便返回室内。

避开高大建筑物或构筑物，如楼房（特别是有玻璃幕墙的高大建筑）、过街桥、立交桥及高大烟囱、水塔下。

避开危险物、高耸物或悬挂物，如变压器、电线杆、路灯、广告牌、吊车等。

任务实施

步骤一：资源准备。

地震逃生演练方案、应急疏散示意图。

酌情配备需要的装备器材，如：胸挂式应急工作证和指挥员、安全疏导员标识，手电，应急灯，口哨，对讲机，手持扩音器，医疗急救箱，灭火器材，警戒线等。

步骤二：制订演练地震逃生组织的方案。

演练方案一般应包括：演练主题、演练目的和意义、演练时间和地点、参与演练人员、演练组织结构及人员分工、演练准备工作、疏散路线、演练流程、保障措施、善后处置和信息报告等。演练方案应做到：内容完整、简洁规范、责任明确、路线科学、措施具体、便于操作。

1. 建立演练地震逃生组织机构及职责

《中小学幼儿园应急疏散演练指南》中指出，要成立演练指挥部，全面负责演练活动的组织领导和协调工作。指挥部要设组织协调组、宣传报道组、疏散引导组、抢险救护组以及后勤保障组。幼儿园演练地震逃生的组织机构通常由组长、副组长、成员和抢险救助组构成。

（1）组织协调组：负责演练方案的制订；演练过程的协调指挥；信息的上传下达、对外联系等。

(2) 宣传报道组：负责安排演练前的宣传教育及演练的摄影、记录、计时、总结等。

(3) 疏散引导组：负责科学编制和张贴学校应急疏散路线图、班级应急疏散路线等；引导、组织师生安全有序疏散；帮助伤病幼儿疏散并妥善安置；疏散完成后协助其他各组工作。

(4) 抢险救护组：负责第一时间组织实施自救互救，抢救遇险幼儿，视情况抢救重要财产、档案等；检查幼儿身心状况，进行临时救治和必要的心理疏导；演练中发生意外事故，负责将受伤幼儿尽快运送到指定安全区域，并迅速联系急救中心或拨打120，在专业医务人员到达之前，救护组应对受伤幼儿采取必要的救助措施，为救治伤者赢得时间。预防次生灾害发生。

(5) 后勤保障组：负责治安保卫工作，布设演练场地，维护演练秩序，拉响演练警报；负责准备通信、标识、广播、救助等演练所需物资装备；检查、恢复学校水电、通信等后勤保障设施。

各小组应设立负责人，统一协调本组工作。各小组演练前应充分了解本小组职责，并将职责落实到每位成员；演练中按照职责开展工作，在疏散完成后，各小组负责人应及时向总指挥进行反馈、汇报。幼儿园可视演练主题和幼儿园实际情况调整演练组织结构，以保证演练质量。

2. 选择应急疏散场所

应急疏散场所通常设立在操场和广场，通风通畅，相对宽阔。应急疏散场所应远离高大建（构）筑物，与建（构）筑物的距离应大于其高度的1/3；应避开对人身安全可能产生影响的地段，如有毒气体储放地、易燃易爆物或核放射物储放地、高压输电线路等设施；避开陡坡等易发生地质灾害的地段；疏散场地应有两条以上方向不同的与外界相通的疏散道路。

3. 确定应急疏散路线

地震具有瞬时性，是在短时间内造成巨大灾害的自然力量，其持续时间是以分钟和秒为计算单位的。地震留给人们的逃生时间是有限的，一般是2分钟左右。应急疏散演练最终的时间目标，原则上中学生2分钟以内，小学生3分钟以内完成。确定地震应急疏散路线要以缩短地震逃生距离、提高逃生速度，以减少地震逃生时间，有效地提高地震逃生成功率为原则。根据幼儿园幼儿的分布和建筑物结构，合理确定各班级疏散路线，合理分流。要建立规范，细化措施，保障大量幼儿在楼道相遇或意外情况发生等情况下不发生拥堵甚至踩踏。疏散路线要选择较短的路线，如图3-7所示。

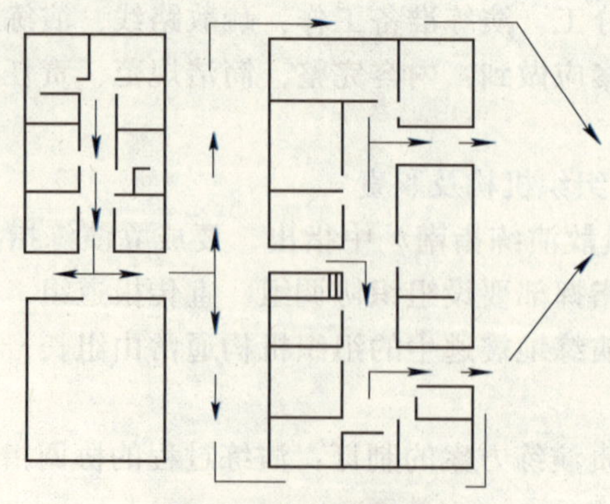

图3-7 应急疏散路线

4. 演练幼儿园地震的逃生组织

1）地震逃生指挥部演练：组织协调组做好演练指挥、协调等工作；宣传报道组做好演练的记录（摄像、摄影等）和计时等工作；后勤保障组做好报警等工作；抢险救护组做好伤员救治等工作。疏散引导组在第一时间赶到指定位置（楼梯口、转角处、楼门口等）引导疏散，指挥教师和幼儿保持秩序，控制速度，逐次疏散。同时视实际情况可喊“大家注意脚下，防止滑倒；保持秩序，不要拥挤；注意保护头部，小心坠物；有人摔倒了，大家小心；不要向回跑、不要捡东西”等提示语，帮助有困难的人员疏散。如出现拥挤摔倒等突发情况，负责疏散引导的老师应立即向指挥部报告，等险情排除后再组织幼儿有序撤出。待幼儿疏散完毕后，方可撤离。

2）地震避险姿势演练：保持镇静，头脑清醒；小震时，防砸伤，找掩蔽物，大地震时防压伤，找地震活命三角区。美国国际救援小组首席救援者道格库普指出：发生地震时一定要找到可以构成三角区的空间去躲避，迅速找一个大而结实的物体，身体移动并靠近它的一侧，用手或其他柔软物品等保护好头部，尽量蜷曲身体，降低身体重心，缩小面积。不要躲到桌子下或床下面，不要靠墙或站在门框边上，不要靠近窗口，避开灯扇，避免被砸。避险动作原则上在12秒内完成。

3）地震逃生行动练习：教师和幼儿在日常的户外活动中反复练习进行低蹲式护头、站立式护头、下伏式速跑、护头式速走四种基本的地震逃生行动，见表3-3。立即向避险场所疏散，要求沉着冷静，服从指挥；不争不强，不哭不闹，不拥挤不推人，不弯腰拾物，不逆流而行；当发现自己前面有人摔倒了，马上要停下脚步，同时大声呼救，告知后面的人不要向前靠近；当自己摔倒时，应尽快爬起；当被踩踏时，要两手十指交叉相扣、护住后脑和颈部，两肘向前，护住双侧太阳穴，双膝尽量前屈，护住胸腔和腹腔等重要脏器。

表3-3　地震逃生行动练习

	动作要领	基本原理	错误示范
低蹲式护头	双腿屈膝，快速蹲下 抱头紧缩，尽可能地缩成一团 双臂夹紧头部，护住太阳穴 双手紧扣，与双臂构成三角区，与头顶空出5～20cm距离间隙 地震中可侧向倒	通过降低重心，减少摔倒的概率；通过缩小体积，减少可能被坠物击中的概率；双臂夹紧头部，防止太阳穴被击中；双手紧扣与双臂构成三角区，这样稳定性强，不易被破坏，且顶部与头部有空隙，倘若有坠物，可起到缓冲，减少冲击力	双脚过于在一条直线上，容易在地震中摇摆倒下 仰面倒下，受坠物的打击很大，且头部等要害部位无保护措施 手直接放在头部，没有缓冲，对头部的保护作用很小 手直接保护颈部，未能保护太阳穴等要害部位
站立式护头	双脚保持约一步距离，并适当错开 微屈膝，降低重心 双臂夹紧头部，护住太阳穴 双手紧扣，与双臂构成三角区，与头顶空出间隙5～20cm距离	双脚展开，有利于保持在双脚平面内的稳定；双脚错开，有利于保持平面外的稳定；屈膝有利于调整平衡，且降低重心；头部保护动作参见低蹲式护头	重心过高，双手直接放在头部，易摔倒，对头部保护较弱 两腿之间距离太小，且在同一条直线上，易摔倒 保护头部的双手太高，且偏离头部，难以阻挡坠物

（续）

	动作要领	基本原理	错误示范
下伏式速跑	双腿快速交叉前行 双臂迅速摆动 上身下伏，降低重心，用最快的速度脱离危险区域	上身下伏，有利于适当降低重心，减少摔倒的概率；双臂迅速摆动，可以有效提高速度。主要目的是快速脱离危险区，避免滚石或者房屋倒塌造成的人员伤亡，接受头部等被轻微击伤	逃生者身体直立，重心高，容易摔倒，且逃生速度慢，易陷入危险境地 在奔跑中用手护头，将极大地降低逃生速度，不适用于特殊危急的地震环境
护头式速走	双脚快速交叉前行 微屈膝，降低重心 双臂夹紧头部，护住太阳穴 双手紧扣，与双臂构成三角区，与头顶空出间隙5～20cm距离	双脚展开，有利于保持两脚平面内的稳定，双脚错开，有利于保持平面外的稳定；屈膝有利于调整平衡，且降低重心，以防止余震；头部保护动作参见低蹲式护头。主要目的是适当保护头部，防止余震的高空坠物	无

步骤三：组织全园地震逃生演练。

（1）演练地震逃生的总指挥、各组负责人和相关人员立即就位，服从总指挥的部署进行演练。

（2）总指挥宣布演练开始，广播响起："现在地震来袭，实施紧急避险。"同时避险警报信号（电铃声、警报声、哨声等）响起，长鸣60秒。

（3）疏散引导组在第一时间赶到指定位置（楼梯口、转角处、楼门口等），按照日常训练的要求引导疏散。

（4）听到信号后，在幼儿园教室、多功能室、办公室的教职工应第一时间通知幼儿地震来袭，进行避震。在厨房等地点的教职工应迅速关闭火源、电源、气源等，处理好易燃、易爆、易起化学反应的物品等。

（5）师生按照日常练习的避险要求，进行避险动作，原则上在12秒内完成。

（6）地震暂停后需要进行疏散时，广播响起："现在发生地震，紧急避险结束，全体师生立即疏散。"同时，疏散警报信号（电铃声、警报声、哨声等）长鸣，长鸣60秒，停30秒，反复两遍为一个周期，时间共3分钟。

（7）在幼儿园教室、多功能室、办公室等地点的教职工立即告知幼儿按照疏散路线，快速疏散，组织幼儿从前后门按照日常练习的四种基本逃生行动有序进行疏散，就近从疏散楼梯向下疏散。班主任在前面引导，保育员在队伍中间照看需要帮助的幼儿，配班教师在队伍的末尾，防止幼儿掉队。

（8）全体人员按地震疏散要求立即向避险场所疏散。

（9）幼儿疏散到避震场所后，应按照班级，如小班、中班和大班形成队列，在指定位置站好，避免混乱。班主任进行班级人员统计，年级组长或负责统计人员汇总全园人数；抢险救护组检查幼儿身体、心理状况，进行临时救治、心理疏导；后勤保障组检查幼儿园各项设施、物资等。完成后，各小组负责人及时向总指挥报告，并根据总指挥的指令采取下一步行动。

（10）总指挥宣布演练结束。

任务评价

演练幼儿园地震的逃生组织任务评价单

评价项目	评价标准
知识：地震的基本常识	地震的强度和烈度、地震逃生安全目标、地震活命三角区 疏散线路图 地震逃生的注意事项
技能：地震逃生的基本技能	地震避险姿势 地震逃生行动
作业形式：演练	组织能力

任务小结

学生通过完成本任务，可以学习地震的科学常识、地震的应急避险技能、地震的自救和互救方法以及一套完整的地震逃生组织方案。通过演练幼儿园地震的逃生组织，正确地认识地震，消除对地震的恐惧心理，使学生在以后的工作中，能正确配合和组织幼儿园的地震逃生演练，还可以在地震真的来临时临危不惧，采取合适的方式避震，躲过地震的劫难，尽可能地减少人员生理上和心理上的伤害。

知识拓展

地震逃生儿歌

安全地方就近靠，护好头部伏待定，慌乱跳楼不可取，争取时间熄明火，关闭煤气和电源，电梯此时不能用，楼梯撤离靠脚跑，避开高楼和橱窗，高空坠物要注意，车辆熄火靠边停，按照指示择路逃，天桥雨棚勿藏身，强震过后余震多，住所不要急着回，应急知识掌握好，人生安全保障高。

任务三　演练幼儿园火灾的逃生组织

学习目标

1．了解幼儿园火灾的应急预案。
2．掌握幼儿园火灾隐患的排查。
3．掌握防火逃生的基本要领。
4．认识消防设施器材标识和消防安全疏散标识。

任务描述

幼儿园每学期要组织一次常规的消防演习。该所幼儿园坐落于一个地级市的成熟社区，社区有高层住宅、宽敞的马路和小公园，小公园有较大的绿地和社区活动场地。幼儿园系独立的三层楼建筑，远离社区，园内有户外活动操场和绿地，幼儿园有五个安全出口，安全设施达到国家安全标准。该园有9个班级，其中小班3个、中班3个、大班3个。假如你是这所幼儿园的园长助理，请按照幼儿园的火灾逃生应急预案组织演练。

任务分析

演练本任务需分析以下要点：

1. 检查幼儿园紧急疏散安全出口：数量是否符合消防要求？是否通畅？
2. 阅读逃生路线图：逃生路线图是否清晰？路线选择是否合理？
3. 检查消防设施器材：是否达到国家消防要求？是否有效？
4. 检查消防标识：消防标识是否放置在规定的位置？是否清晰？
5. 检查消防制度与火灾应急预案：消防制度是否完整？是否根据预案组织过演练？

知识准备

一、重视消防安全　长鸣消防警钟

幼儿园是由一群年轻的幼师带领一群稚嫩的幼儿生活的地方。幼儿缺乏对危险、危害的认知能力，对危险物敢碰敢摸，如玩火柴、打火机、放鞭炮、触摸或拆解电器等；幼儿缺乏自我控制能力，对已告知的禁止行为仍有可能偷偷尝试；而且幼儿行动缓慢、火场逃生能力很低。幼儿园教师以年轻女性为主，往往缺乏在紧急情况下抢救、疏散幼儿，扑灭火灾的能力和经验。幼儿园幼儿睡眠室有大量的被子、衣服等可燃物，条件差的幼儿园还存在冬天炭火取暖、夏天燃蚊香等现象。这些现象极易造成火灾，而且出现险情后也不能及时采取有效措施扑救，险情极易扩大，小火酿成大灾，甚至造成严重的人员伤亡。关于幼儿园火灾险情的报道时有发生，如墨西哥北部索诺拉州一所国立幼儿园2009年6月 5 日下午发生的一场火灾，造成44名儿童死亡。

知识链接

案例：隔壁仓库着火引发火灾

墨西哥北部索诺拉州一所国立幼儿园2009年6月 5 日下午发生火灾，造成44名儿童死亡。

【分析】发生火灾的直接原因是附近一处仓库着火。这所失火幼儿园相邻仓库的空调系统过热导致仓库内存放的汽车、轮胎及纸张起火。这所仓库既没有火警响起，也没有自动灭火系统启动。火势蔓延到幼儿园，消防人员用了大约两个小时控制了火势。火灾发生时共有176名幼儿在幼儿园。导致伤亡严重的另一主要原因是幼儿园存在很多安全隐患。在火灾发生时，只有幼儿园的前门可以出入，另一紧急出口无法打开。人们必须穿过一个教室以及只有80cm宽、带有安全锁的门才能到达幼儿园的紧急出口，以至于居民和消防人员不得不用卡车撞开幼儿园水泥墙救人。

幼儿园要接受消防管理部门的指导监督和检查，严格遵守国家关于消防安全的法律法规，并使建筑设施、消防器材达到国家要求，建立各种消防安全制度并严格执行（安全值班制度、火灾应急疏散预案、消防安全教育培训制度、用火用电安全操作流程及制度、火灾隐患排查整改制度、易燃易爆危险物品管理和使用制度、消防设施器材的操作规程和管理制度等），做到消防安全人人有责。违反消防法律法规，轻者要接受罚款，重者要判刑甚至死刑。江西某少儿艺术幼儿园2001年6月5日发生火灾事故，致使寄宿的17名幼儿中有13人在火灾中死亡。相关责任人保教主任、班主任和保育员以失职罪和失火罪判处有期徒刑三年和五年。因此，幼儿园、托儿所做好消防安全管理不容忽视。作为幼儿园管理人员和教师，要具备消防安全“四个能力”，即检查消除火灾隐患能力、扑救初级火灾能力、组织疏散逃生能力及消防宣传教育能力。

知识链接

消防安全“四个能力”

一、检查消除火灾隐患能力

查用火用电，禁违章操作；查通道出口，禁堵塞封闭；查设施器材，禁损坏挪用；查重点部位，禁失控漏管。

二、扑救初级火灾能力

发现火灾后，起火部位员工应在一分钟内形成第一灭火力量；火灾确认后，单位三分钟内形成第二灭火力量。

三、组织疏散逃生能力

熟悉疏散通道，熟悉安全出口，掌握疏散程序，掌握逃生技能。

四、消防宣传教育能力

有消防宣传人员，有消防宣传标识，有全员培训机制。

知识链接

《中小学幼儿园安全管理办法》（节选）

第十九条　学校应当落实消防安全制度和消防工作责任制，对于政府保障配备的消防设施和器材加强日常维护，保证其能够有效使用，并设置消防安全标识，保证疏散通道、安全出口和消防车通道畅通。

第二十条　学校应当建立用水、用电、用气等相关设施设备的安全管理制度，定期进行检查或者按照规定接受有关主管部门的定期检查，发现老化或者损毁的，及时进行维修或者更换。

第二十九条　学校组织学生参加大型集体活动，应当采取下列安全措施：

（一）成立临时的安全管理组织机构；

（二）有针对性地对学生进行安全教育；

（三）安排必要的管理人员，明确所负担的安全职责；

（四）制定安全应急预案，配备相应设施。

第三十四条　学校不得将场地出租给他人从事易燃、易爆、有毒、有害等危险品的生产、经营活动。

第四十二条　学校可根据当地实际情况，组织师生开展多种形式的事故预防演练。

学校应当每学期至少开展一次针对洪水、地震、火灾等灾害事故的紧急疏散演练，使师生掌握避险、逃生、自救的方法。

第五十五条　在发生地震、洪水、泥石流、台风等自然灾害和重大治安、公共卫生突发事件时，教育等部门应当立即启动应急预案，及时转移、疏散学生，或者采取其他必要防护措施，保障学校安全和师生人身财产安全。

第五十六条　校园内发生火灾、食物中毒、重大治安等突发安全事故以及自然灾害时，学校应当启动应急预案，及时组织教职工参与抢险、救助和防护，保障学生身体健康和人身、财产安全。

知识链接

消防法规知识

（1）根据我国《刑法》规定，放火致人重伤、死亡或者使公私财产遭受重大损失的，最高可处死刑。

（2）由于行为人的过失引起火灾，造成严重后果的行为，构成失火罪。

（3）个人损坏、挪用或擅自拆除、停用消防设施、器材，埋压、圈占、遮挡消火栓的，处警告或五百元以下罚款处罚。

（4）谎报火警是违法行为。谎报火警的，最高可以处10日拘留。

（5）发现火灾隐患和消防安全违法行为，可以拨打火灾隐患举报电话“96119”，向当地公安消防部门进行举报。

（6）发现消防通道被堵塞或封闭时，个人应该向公安机关消防机构举报。

（7）遇到消防车执行灭火或抢险救援任务时，社会车辆及行人应当靠边让行。

知识链接

案例：蚊香引发的火灾

2001年6月5日，江西某少儿艺术幼儿园发生火灾事故，蚊香将搭落在床沿边的棉被引燃，引发火灾，致使寄宿的17名幼儿中有13人在火灾中死亡。相关责任人保教主任、班主任和保育员以失职罪和失火罪判处有期徒刑三年和五年。依据法律，考虑该幼儿园园长、法人代表刘某在该案中的具体情节，决定对其适用缓刑。

火灾事故的经过：2001年6月4日21时许，担任江西某少儿艺术幼儿园小六班班主任的杨某下班前在小六班寝室里点燃了三盘蚊香用于驱蚊。临走时，杨将点蚊香之事告诉了当晚值班的保育员吴某。23时许，担任当天总值班的幼儿园保教主任倪某到小六班巡查，就蚊香是否会影响儿童的健康进行了询问，但未对放置在过道上的蚊香做出处理。之后，吴某单独值班。23时30分许，吴某离开了寝室，约45分钟未到寝室查看。在此期间，蚊香将搭落在床沿边的棉被引燃，引发火灾，致使小六班寝室内寄宿的17名幼儿有13人在火灾中死亡。

【分析】引起火灾的直接原因是幼儿床上的可燃物掉落在过道点燃的蚊香上引起燃烧造成的。班主任杨某使用蚊香不当，总值班保教主任倪某在巡查时发现使用蚊香未做处理，加上保育员吴某离开寝室约45分钟，未到寝室查看。由于几个人和几个环节同时失职，导致火灾，致使13名儿童死亡。

二、排查火灾隐患

火灾隐患是指违反消防法律、法规，有可能造成火灾危害隐藏的祸患。消除火灾隐患要提高检查消除火灾隐患的能力，做到消防安全自查、火灾隐患自除，加强对用火用电、燃气、安全疏散、消防设施器材的消防安全管理以及定期组织防火检查，见表3-4。

表3-4　幼儿园防火检查内容

序　号	防火检查内容	合　格	不 合 格
1	消防制度、管理措施及操作规程的执行和落实情况		
2	用火用电、燃油燃气的管理有无违章		
3	消防安全重点部分管理情况		
4	安全出口、疏散通道和消防车道是否畅通		
5	消防设施、器材的配置与维护保养是否完好		
6	消防值班人员值班情况		
7	灭火和应急疏散预案的制定与演练情况		
8	员工消防知识掌握情况		
9	防火巡查、火灾隐患整改及防范措施落实情况		
10	疏散指示灯、灭火器等消防安全标识是否完好		
11	应急照明灯是否完好		
12	内部疏散走道及楼梯是否保持通畅，有无杂物		
检查人		检查日期	

1. 排查用电的安全

有的人用电安全意识差，不懂得电器的使用规则和要求，不明白电器使用的危险性。在检查中常常发现乱拉乱接电线，使用电炉子、电暖器、“热得快”等超负荷或者不合格的电器现象。因使用不合格的接线板、老化的充电器、不合格的电器等引起短路起火，甚至酿成大祸的事故常有报道。如2008年11月14日上海某学院女生宿舍一个非常平常的“热得快”使4个大学女生丧命。上海某学院徐汇校区一学生宿舍楼因为使用不合格的“热得快”发生火灾，4名女生从6楼跳楼逃生，不幸全部遇难。

2. 检查易燃易爆物品

易燃易爆化学品有：第1类爆炸品，第2类气体，第3类易燃液体，第4类易燃固体、易于自燃的物质、遇水放出易燃气体的物质，第5类氧化性物质和有机过氧化物等9大类，如氢气、一氧化碳、甲烷、乙烷、丁烷、天然气、乙烯、液化石油气、汽油、煤油、柴油、苯等常见的1000多种。幼儿园一般禁止存放易燃易爆物品，因为这些物品在一定条件下能引起燃烧、爆炸，一旦发生火灾事故，往往危害大、损失大、扑救困难等，如图3-8所示。如2013年11月22日青岛输油管道爆炸事件造成62人遇难、136人受伤，直接经济损失7.5亿元。事故发生的直接原因是输油管道与排水暗渠交汇处管道腐蚀减薄，管道破裂，导致原油泄漏，流入排水暗渠及反冲到路面。原油泄漏后，现场处置人员采用液压破碎锤在暗渠盖板上打孔破碎，因撞击产生火花，引发暗渠内油气爆炸。据了解，除现场处置人员违规操作直接导致爆炸发生外，隐患排查整治不彻底、应急处置不力、规划建设混乱等都是重要原因。

图3-8 易燃易爆物品

3. 检查防火应急疏散通道

应急疏散通道平时看起来没有用处，在火灾逃生的关键时刻可以减少人员的伤亡和财产的损失。墨西哥一国立幼儿园就是因为应急疏散通道不畅通导致伤亡惨重，44名儿童死亡。应急疏散通道要保持通畅状态，不能占用、阻塞、封堵、锁闭。

任务实施

步骤一：资源准备。

消防制度与火灾应急预案、消防设施器材及标识手册、消防器材的使用方法手册等。酌情配备需要的消防演习装备器材，如：胸挂式应急工作证和指挥员、安全疏导员标识，手电，应急灯，口哨，对讲机，手持扩音器，医疗急救箱，灭火器材，警戒线等。

步骤二：确定幼儿园火灾的逃生方案。

方案中要包含组织领导、演练内容、现场组织以及疏散管理等项目。

1. 建立演练幼儿园火灾的逃生组织机构及职责

组织分工中要有现场总指挥、后勤保障组、疏散组、灭火组、救护组等，并且要写出各组职责和负责的工作内容。

(1) 后勤保障组：负责报警。单位发生火灾，首先应做的是及时拨打119火警电话并通知单位消防负责人。正确的报火警方法是：讲清着火单位、详细地址、着火物质及火势大小，是否有人被困，留下报警人姓名及联系方式。

(2) 疏散组：负责引导幼儿以最快速度安全撤离火灾现场。一定要保持疏散通道的畅通，维护疏散秩序，指明疏散方向和路径，见表3-5。

表3-5　安全疏散标识

标识图例	名　称	设置说明
	总平面布局标识	设置在单位显著位置，标明单位的消防水源、消防车通道、消防安全重点部位、安全出口和疏散路线及主要消防设施位置等内容
火警疏散指示 211 210 209 208 206 205 203 202 走火通道　走火通道 212 213 215 201	疏散指示图标识	设置在房门后中上部或每个楼层显著位置，标明本层疏散路线、安全出口、室内消防设施位置等内容
紧急出口 Emergency Exit	紧急出口标识	设置在安全出口的显著位置，说明安全出口位置和方向
安全出口 EXIT	地面辅助疏散标识	设置在疏散走道和主要疏散路线的地面上，能保持视觉连续的灯光或蓄光疏散指示标识

(3) 灭火组：负责火场初期的灭火。要掌握灭火器的使用方法，协助消防员抢救被困人员。

知识链接

灭火器使用方法

泡沫灭火器：适宜扑救油脂类火灾，但不能扑救水溶性物质火灾及电器类火灾。

干粉灭火器：属于窒息灭火，一般适用于固体、液体及电器的火灾。使用时，先拔掉保险销，一只手握住喷嘴，另一只手握紧压柄，干粉即可喷出。

手提灭火器时可手提筒体上部的提环，迅速奔赴火场。这时应注意不得使灭火器过分倾斜，更不可横拿或颠倒，以免两种药剂混合而提前喷出。当距离着火点10m左右时将筒体颠倒过来，一只手紧握提环，另一只手扶住筒体的底圈，将射流对准燃烧物，一定要将喷嘴对准火焰根部喷射。

2. 火灾逃生的安全教育：认识消防设施器材及标识

消防安全标识是火灾关头的救命符，是用来告知与消防有关的安全信息的。根据其内容可分为消防设施器材标识、消防安全疏散标识和危险场所标识等。消防设施器材标识是指设置在建筑消防设施、消防器材上或附近位置的消防安全标识，包括认知标识、操作使用标识和建筑消防设施检测标识等。消防安全疏散标识是指设置在疏散通道、安全出口、疏散设施及其附近的消防安全标识，包括疏散指示标识和疏散警示标识等。消防安全疏散标识一般安装在疏散路线的地面上或靠近地面的墙上，在火灾事故发生时，这些发光的标识可以在没有电的情况下甚至在浓烟弥漫时都可以引导人们识别疏散位置和方向，沿着发光疏散指示标识迅速疏散。

正确清晰的消防安全标识是消防官兵处理火险的好帮手，以便消防人员救火时使用辨别，也是幼儿园教师和幼儿在火灾危急关头的救命符，可以帮助他们紧急疏散，脱离火险。幼儿园不仅要按规定设置消防安全标识，爱护标识，禁止涂抹，及时更换新的标志，还要识别这些标识的含义，见表3-6。

表3-6　消防设施器材标识

标识图例	名　称	设置说明
119 火警电话 Fire Alarm Telephone	火警电话标识	设置在显著位置或者报警电话附近，标明在发生火灾时的报警电话
消防手动启动器 Fire Manual Starter	消防手动启动器标识	设置在火灾报警系统或固定灭火系统等的手动启动器位置，标明名称和使用方法

（续）

标识图例	名　称	设置说明
发生警报器 Sound Alarm	发声警报器标识	设置在发声警报器或其启动装置附近
消防梯 Fire Ladder	消防梯标识	设置在消防梯附近，标明消防梯的位置
消防水泵接合器 Fire Pump Clutch	消防水泵接合器标识	设置在室外水泵接合器附近的墙面上，标明名称和供水系统
消防水带 Fire Hose	消防水带标识	设置在消防水带或者室内室外消火栓附近位置
地上消防栓 Ground Hydrant	地上消防栓标识	设置在室外地上消防栓附近或墙面上，标明名称和位置
地下消防栓 Underground Hydrant	地下消防栓标识	设置在室外地下消防栓附近或墙面上，标明名称和位置
灭火器使用方法	灭火器使用标识	设置在灭火器设置点的上方或灭火器材箱箱体上面，标明操作使用方法、维护保养责任人
消火栓 消火栓的使用方法 打开消火栓箱 连接消防水带 打开阀门放出水源 消防设施请勿乱动	室内消火栓使用说明标识	设置在室内消火栓箱适当位置，标明名称、操作使用方法、维护保养责任人

（续）

标识图例	名　称	设置说明
防火门 保持常关 KEEP DOOR CLOSED	防火门标识	设置在防火门附近或上面，提示防火门应常保持关闭
消防控制室 非操作人员 禁止入内	消防控制室标识	设置在消防控制室门上
安全疏散通道 禁止阻塞 NO OBSTRUCTING	疏散通道标识	设置在疏散通道两侧，标明保持疏散通道畅通
此处X米为防火间距，严禁占用！	防火间距标识	设置在防火间距附近，标明“防火间距”字样及宽度，提示严禁占用
消防车道 严禁占用 净宽 净高保持4米	消防车道标识	设置在消防车道附近，标明宽度，提示严禁占用

3. 掌握防火逃生要领

由于幼儿园幼儿、教师和环境的特点，出现险情后，快速疏散会有一定困难，险情极易扩大，所以平常需多学习和练习逃生的基本要领。当我们到一个新的工作单位或者外出旅游学习，入住宾馆酒店时应当阅读逃生路线图并察看紧急安全出口位置和方向，以备火情发生时紧急疏散之用。当发生火灾时，要头脑冷静，当机立断，采取合适的逃生方法。合适的逃生方法可以减少火灾引起的经济损失和减轻伤亡。从安全出口紧急疏散是常用的逃生办法。

教育部和联合国儿童基金会编制的《幼儿安全教育与安全管理手册》一书中指出防火逃生的基本要领是：“用湿毛巾或布捂住口鼻，不要让烟呛着自己；以较低的身体姿势（如蹲着）有秩序、快速地离开着火现场；如果身上的衣服着火，应立即停下来就地打滚，千万别跑，或用水浇灭衣服上的火苗；如果房间外面都是火苗和烟，应赶紧关上门，用湿布将门缝塞严实，不要出去，然后打开窗户请求救援等。”不要盲目跳楼，可用绳子或把床单撕成条状连起来，紧拴在门窗框和重物上，顺势滑下，如图3-9所示。

火灾致人死亡的最主要原因是吸入有毒烟气而窒息死亡。遇到火灾时，正确的做法是沉着、冷静，迅速正确逃生。正确的逃生方法是立即寻找逃生通道，迅速向安全出口的方向逃生。发生火灾逃生时，要尽量贴近地面撤离，主要原因是燃烧产生的有毒热烟在离地面近的地方浓度较小，可降低中毒概率。在火灾中，跳楼逃生相对安全的楼层是楼房两层以下，且室外地面为花园草坪等非硬化地面。高层跳楼逃生会造成生命危险。如前案例所述，上海某学院徐汇校区发生火灾时4名女生从6楼跳楼逃生，不幸全部遇难。当被大火围困又没有其他办法可自救时，可用手电筒、醒目物品不停地发出呼救信号，以便消防队及时发现，组织营救。

熟悉环境 出口易找

发现火情 报警要早

保持镇定 有序外逃

简易防护 匍匐弯腰

慎入电梯 改走楼道

缓降逃生 不等不靠

火已及身 切勿惊跑

被困室内 固守为妙

远离险地 不贪不闹

图3-9　火灾逃生自救示例

知识链接

火灾逃生12诀窍

第一诀：熟悉环境，暗记出口。
第二诀：通道出口，畅通无阻。
第三诀：扑灭小火，惠及他人。
第四诀：保持镇静，明辨方向，迅速撤离。
第五诀：不入险地，不贪财物。
第六诀：简易防护，蒙鼻匍匐。
第七诀：善用通道，莫入电梯。
第八诀：缓降逃生，滑绳自救。
第九诀：避难场所，固守待援。
第十诀：缓晃轻抛，寻求援助。
第十一诀：火已及身，切勿惊跑。
第十二诀：跳楼有术，虽损求生。

步骤三：根据幼儿园火灾逃生应急预案进行幼儿园火灾的逃生组织演练。

幼儿园火灾逃生的演练组织步骤和地震疏散的步骤基本一致。听到信号后，教职工应第一时间通知幼儿火灾来袭，紧急逃生，幼儿听到报警后不要慌乱，迅速用水浸湿毛巾或布捂住口鼻，听从指挥，以较低的身体姿势（如蹲着）有秩序、快速地由班主任带领沿疏散标志从就近安全出口撤离，离开着火现场。

任务评价

演练幼儿园火灾的逃生组织任务评价单

评价项目	评价标准
知识：安全疏散标识 消防设施器材标识 防火检查内容	认识消防设施器材和安全疏散标识 能阅读逃生路线图 了解用电的安全 了解易燃易爆物品
技能：灭火器使用方法 火灾逃生方法	掌握灭火器的使用方法 掌握火灾逃生要领
作业形式：演练	组织能力

任务小结

火是人类生活中不可缺少的一种能源，我们生活中经常需要用到火。火能给人类带来方便，也有可能带来灾难。俗话说“水火无情”，如果我们在使用火的过程中多一分小心，少十分大意，严密防范，居安思危，就能给我们的生活带来一份安全保障。所以，幼儿园必须认真接受消防管理部门的指导监督和检查，严格遵守国家关于消防安全的法律法规，保证建筑设施消防器材达到国家要求，建立各种消防安全制度并严格执行，按规定设置消防安全标识并严格要求每个人能识别这些标识的含义；经常有计划地进行一些有关安全逃生方面的演练，掌握必要的防火逃生的基本要领。另外，最重要的是要排查火灾隐患。正所谓“防不胜防”，“防”的最直接有效的办法就是“查”，然后“除”，严格要求安保部门及园所的每一个人提高检查消除火灾隐患的能力，做到消防安全自查、火灾隐患自除，并加强对用火用电、燃气、安全疏散、消防设施器材的消防安全管理以及定期组织防火检查，真正做到消防安全人人有责，为园所每一个人的安全提供保障。

知识链接

常用消防知识

1．发现火灾要及时报警，报警早、损失小。我国的火灾报警电话是119。

2．发现火灾后，正确报火警方法是：讲清着火单位、详细地址、着火物质及火势大小，是否有人被困，留下报警人姓名及联系方式。

3．单位发生火灾，首先应做的是及时拨打119火警电话并通知单位消防负责人。

4．抽烟时应该注意不躺在床上或沙发上，不乱扔烟头。

5．烟头中心温度可达700～800℃，它超过了棉、麻、毛织物、纸张、家具等可燃物的燃点。若未灭的烟头接触到这些可燃物，容易引发火灾。

6．室内装修装饰不宜采用聚氨酯泡沫材料。

7．购买烟花爆竹时，应在正规销售点购买合格的产品。

8．儿童燃放烟花爆竹时，正确做法是由大人看护，到指定的燃放地点燃放。

9．用灭火器灭火时，灭火器的喷射口应该对准火焰的根部。

10．用灭火器进行灭火的最佳位置是距离起火点3～5m的上风或侧风位置。

11．电熨斗是家庭生活中常用的家用电器。熨烫衣物时，临时有事离开一会儿，不用拔掉电熨斗的电源插头的做法是错误的。

12．扑救火灾最有利的阶段是火灾初起阶段。

13．为做到防患于未然，应该制定家庭疏散预案并进行演练，熟悉居住建筑的安全出口并设计好最佳逃生路线。

14．单位或家庭装修中使用溶剂和油漆时，除了杜绝一切火种，还应该注意保持通风。

15．检查煤气等燃气灶具是否漏气，应该采取的正确方法是用肥皂水刷到软管和接口处检查。

16．当打开房门闻到很浓的燃气气味时，要迅速打开门窗通风，防止引发爆燃事故。

17．家庭中使用燃气设施和用具时，正确的做法是经常检查燃气灶具及管道，不擅自安装、拆改。

18．外出旅游入住宾馆酒店时，首先应当留心阅读房门后张贴的逃生路线图并察看安全出口位置。

19．计算机着火后的正确做法是拔掉电源后用湿棉被盖住计算机。

20．普通农村居民家庭应配备沙土、水缸、水桶等消防器材。

21．在农村日常生活中，用柴火做饭时，为了方便将大量柴草堆放在灶台和厨房周围的做法是错误的。

22．安全使用燃气。家中煲汤时，可出去买菜或长时间在客厅看电视的做法是错误的。

23．在火灾中，跳楼逃生相对安全的楼层是楼房两层以下，且室外地面为花园草坪等非硬化地面。

24．任何单位和个人都有维护消防安全、保护消防设施、预防火灾、报告火警的义务。

25．任何单位和成年人都有参加有组织的灭火工作的义务。

26．夏季气温炎热，要注意避免发生汽车火灾。在汽车内放塑料打火机、摩丝、空气清新剂等受热会产生爆炸起火的物品的做法是不正确的。

27．家长要教育孩子不玩火。告诉孩子玩火的危害，并将火柴、打火机放在孩子够不到的地方的做法是正确的。

28．使用液化气或煤气，一定要养成先点火、后开气的习惯。

29．发生火灾逃生时，要尽量贴近地面撤离，主要原因是燃烧产生的有毒热烟在离地面近的地方浓度较小，可降低中毒概率。

30．油锅起火，用水泼灭是不正确的扑救方法。

31．进入公共场所时，应该注意观察安全出口和疏散通道，记住疏散方向。

32．发生火灾时，不得组织未成年人扑救火灾。

33．乘坐公共交通工具时，一旦发生火灾寻找最近的门窗等出口逃生，迅速离开车厢并远离起火车辆。

34．遇到火灾时，正确的做法是沉着、冷静，迅速正确逃生。

35．如果睡觉时被烟火呛醒，正确的逃生方法是立即寻找逃生通道，迅速逃生。

36．营业场所在营业期间锁住安全出口的做法是错误的。

37．火灾致人死亡的最主要原因是吸入有毒烟气窒息死亡。

38．高层建筑失火时，正确的做法是从疏散通道逃离。

39．遇到火灾，要迅速向安全出口的方向逃生。

40．歌舞厅、影剧院、宾馆、饭店、商场、集贸市场等公众聚集场所，在投入使用、营业前，应当向当地公安机关消防机构申请消防安全检查，检查合格后方可投入使用、营业。

41．身上着火后，边跑边用手拍打的灭火方法是错误的。

42．我国每年的“119”消防宣传活动日是在11月9日。

任务四　制订幼儿园一周食谱的采买计划

学习目标

1．了解幼儿园儿童营养评价。

2．了解儿童的膳食特点。

3．了解中国儿童膳食营养素参考摄入量。

4．掌握平衡膳食营养素的计算要领。

任务描述

该园提供一日三餐两点的服务，伙食标准是15元/天。主要食物定点采购，米面油及调味品等每周采购一次，蔬菜、水果、肉类等新鲜食物每日供货商运送。假如你现在是负责食物采购的后勤园长助理，请你根据保健医制定的带量食谱做一份幼儿园一周食谱的采买计划。

任务分析

完成本任务需分析以下要点：

1．研读食谱：研究食谱是花样食谱还是带量食谱，是否考虑了幼儿身心特点，食物搭配是否合理以及各餐分配是否合理。

2．查看库房：看出入库记录，看库存是否推陈出新，看存货数量及质量，看库房卫生。

3．查看供货商资质：是否有生产资质或者供货销售资质。

4．验收进货：验收重量和质量，查看食物检验报告或者检疫合格证明。

5．记录台账：进货时间、食物名称、规格、数量、供货商及其联系方式等。

6．检查制度：是否符合儿童膳食管理的制度。

知识准备

一、严把食物卫生质量关

幼儿园食堂必须具有有效证件及管理规定。幼儿园要有有效的《卫生许可证》《餐饮服务许可证》，炊事人员必须具有有效的健康证和培训证，食堂必须执行《食品安全法》《食品卫生法》《食品管理制度》《餐饮业食品索证管理规定》等法律法规。幼儿园食堂需制定各项管理制度，如食堂食品采购索证及验收制度、食堂从业人员健康检查制度、食堂食物库房管理制度、定期制订食谱制度和膳食管理委员会制度等。

1．严把采购关

幼儿园采买食物时要严格执行《餐饮业食品索证管理规定》，查看食物检验合格报告、动物产品检疫合格证明，不得采买没有检验报告或者动物产品检疫合格证明的产品；要与供货商签订食物供货合同，并索取和留存供货商的资质证明如《食物流通许可证》（商场）、《食物卫生许可证》（厂家）、营业执照等，以保证食物卫生质量。

2．实施验货制度

幼儿园要严格实施进货验收制度。通常是后勤园长或者保健医负责食谱的制定，专人负责食物索证、验收以及台账记录工作。进货时，除了验收重量外，更重要的是验收其质量。学会识别食物的标签，包括食物的名称、配料表、净含量及固形物含量、制造者、经销商的名称、地址和电话、生产日期和贮存指南、质量等级、产品标准号、保质期是否标示清楚、产品是否合格等。

知识链接

认知包装袋上的食品安全标识

食品外包装袋上的标识是人们判定食品安全的重要标准，如图3-10所示。

图3-10　食品外包装袋上的安全标识

“QS”是企业食品生产许可“Qiyeshipin Shengchanxuke”的缩写。带有QS标识的产品说明此产品已经过强制性的检验合格，准许进入市场销售。国家规定，米、面、油、酱油、醋的加工食品，肉制品、乳制品、饮料、调味品、方便面、饼干、罐头等必须有“QS”标识方可出厂销售。

“无公害食品”是指无污染、无毒害、安全优质的食品。全国统一无公害农产品标识标准颜色由绿色和橙色组成。标识图案由麦穗、对勾和无公害农产品字样组成，麦穗代表农产品，对勾表示合格，橙色寓意成熟和丰收，绿色象征环保和安全。

“绿色食品”是中国对无污染的、安全的、优质的、营养类食品的总称。1990年5月，中国农业部正式规定了绿色食品的名称、标准及标识，绿色食品标识为正圆形图案，图案中的上方为太阳，下方为叶片，中心为蓓蕾，描绘出明媚阳光照耀下的和谐生机。

“有机食品”是一类真正源于自然、富营养、高品质的环保型安全食品。有机食品标识采用国际通行的圆形构图，以手掌和叶片为创意元素，寓意人类的生存离不开大自然的呵护，人与自然需要和谐美好的生存关系。人类的食物从自然中获取，人类的活动应尊重自然规律，这样才能创造一个良好的可持续发展空间。

3. 如实记录台账

台账要如实记录，要记录进货时间、食物名称、规格、数量、供货商及其联系方式等内容，并保留发票、收据等购物凭证，见表3-7。

表3-7　食品与食品原料进货验收台账

进货时间	产品名称	单位	数量	生产厂家	供应商	生产日期或批号	保质期限	保存条件	验收情况	验收人签字	出货时间	出货签字
								冷冻 冷藏 常温	包装完整 标示齐全 感官正常 是否退货			

4. 保证厨房、库房卫生

库房要整洁、干燥、凉爽、通风，库房内物品生熟分开，分类、分架存放，做到隔墙离地；生熟食物分开储存，不能在同一冰箱内存放；不得有过期、腐烂及变质食物；库房内应有灭蟑螂、防老鼠（挡鼠板）的设备，如图3-11所示。

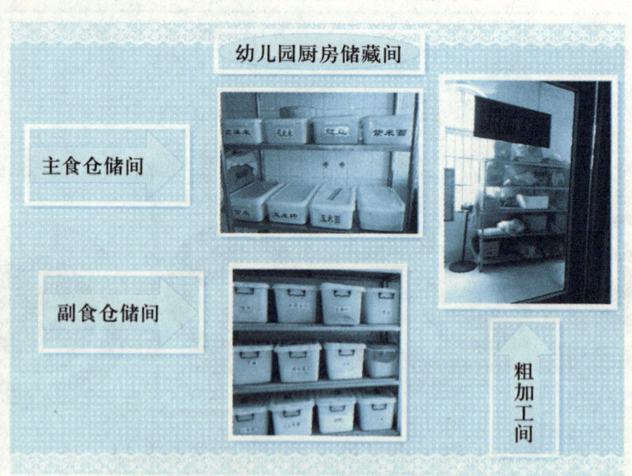

图3-11　幼儿园厨房储藏间示例

二、儿童膳食及营养需要

儿童膳食应符合季节特点，食物要多样，以谷类为主，多吃新鲜的蔬菜和水果，经常吃适量的鱼、禽、蛋、瘦肉；每天饮奶，常吃大豆及其制品；膳食清淡少盐。食物品种多样化并合理搭配，粗粮与细粮搭配，肉类与蔬菜类搭配，动物蛋白与植物蛋白搭配，米面搭配，干稀搭配，甜咸搭配。根据膳食费、市场供应情况计划膳食。尽量使用带量食谱，合理分配食物的种类和数量，力求达到平衡膳食。禁止加工变质、有毒、不洁、超过保质期的食物；禁止提供生冷拌菜。

儿童热量供给要合理。蛋白质供热12%～15%，脂肪供热25%～30%，碳水化合物供热50%～60%。动物性食物合理搭配，优质蛋白质（动物性食物的蛋白质和豆类蛋白质）要占40%～50%，不低于30%。蛋类全日安排量约60g，肉类安排量约40～50g，牛肉、猪肉、排骨、鸡、鸭类轮换安排，每周规律安排少量猪肝、猪血。

三餐热量分配要合理。以早餐吃好、午餐吃饱、晚餐适量为原则。早餐占总能量的25%～30%（日托园），以主食为主，以优质蛋白质为辅，如安排谷薯类、奶豆类、蔬菜水果类的组合食物；午餐以主副食并重，一荤一素，两菜一汤，占总能量的35%；晚餐以主食为主、副食次之、干稀搭配，占总能量30%，午晚餐都应有蔬菜。日托园午点占5%～10%。

五大类食物。儿童膳食与成人日常膳食一样，也是由谷类及薯类，动物性食物，豆类和坚果，蔬菜、水果和菌藻类，以及纯能量五大类食物组成。谷类及薯类主要提供碳水化合物、蛋白质、膳食纤维及B族维生素；动物性食物主要提供蛋白质、脂肪、矿物质、维生素A、B族维生素及维生素D；豆类和坚果主要提供蛋白质、脂肪、膳食纤维、矿物质、B族维生素和维生素E；蔬菜、水果和菌藻类主要提供膳食纤维、矿物质、维生素C、胡萝卜素、维生素K及有益健康的植物化学物质；纯能量食物包括动植物油、淀粉、食用糖和酒类，主要提供能量。

儿童膳食宝塔。人体的基础代谢和所有从事的活动，如日常生活学习、体育锻炼和劳动、摄食、排泄等都需要能量。儿童在生长发育期，除了成人所需的能量外，还需要能量供给生长发育。中国营养学会（2000年）推荐儿童的能量供给：3～6岁男孩是1350～1700kcal/d，3～6岁女孩是1300～1600kcal/d。这些能量的供给来自产能营养素：碳水化合物，脂类和蛋白质。每克碳水化合物产生4kcal的能量，每克脂类产生9kcal的能量，每克蛋白质产生4kcal的能量。人体除了需要三大产能营养素外，还需要维生素、矿物质、水和膳食纤维营养素。编制食谱要根据中国居民膳食营养素参考摄入量和学龄前儿童平衡膳食宝塔，符合儿童的年龄特点，满足各种营养素的需要，如图3-12所示。

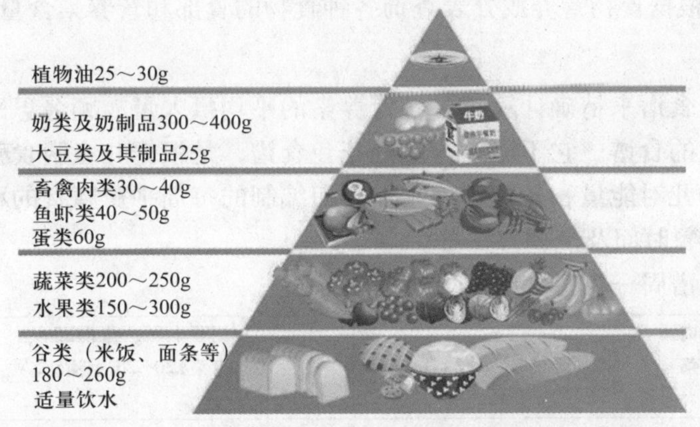

图3-12　学龄前儿童平衡膳食宝塔

膳食营养素参考摄入量。合理的膳食能达到儿童合理的营养要求，促进身体的健康生长发育。合理膳食不但要求能提供足够的能量，而且营养素必须种类齐全、比例合适，见表3-8。合理膳食供给幼儿生长发育所需要的各种营养成分，保证幼儿每日营养素按比例摄入，防止儿童营养不良和肥胖。

表3-8　3～6岁儿童每日膳食中营养参考摄入量

年龄（岁）	热能		蛋白质/g	钙/mg	铁/mg	锌/mg	视黄醇当量/μg	维生素B_1/mg	维生素B_2/mg	维生素C/mg
	kcal	kJ								
3	1325	5525	45	600	12	9	500	0.6	0.6	60
4	1425	5945	50	800	12	12	600	0.7	0.7	70
5	1550	6485	55	800	12	12	600	0.7	0.7	70
6	1650	6885	55	800	12	12	600	0.7	0.7	70

注：1．中国营养学会2000年修订《中国居民膳食营养参考摄入量》。

2．表中各营养素为推荐摄入量（PNI），其中钙、铁为适宜摄入量（AL）。

三、膳食调查与营养评价

1．膳食调查

检查儿童的营养素供给是否均衡，要通过膳食调查进行。膳食调查通常使用称重法、询问法和记账法。营养计算一般用记账法进行。记账法是通过计算得出平均每人每日膳食营养素参考摄入量，一般分五个步骤完成：

（1）统计与计算各种食物的消耗量。

（2）每日每餐的就餐人数。

（3）每人每日各种食物的消耗量。

（4）每人每日热量和各种营养素摄入量。

（5）平均每人每日膳食营养素参考摄入量。

现在有营养计算软件来完成营养评价工作。

实际消耗=结存+购物累计-剩余

用餐人数=全月各班每日每餐人数相加/3

每人每日各种食物的消耗量：平均每人每日进食量=全园总消耗量/总人日数（总人数）

每人每日热量和各种营养素摄入量=平均每人每日进食量×食部/100×表中该项营养素含量的数值/100（根据食物营养成分表查询各种食物的食部和营养素含量）

2．营养分析

幼儿园用带量食谱来精确计算每日各营养素的平均摄入量。顾名思义，带量食谱是一份带有营养素含量的食谱，它不同于一般的花色食谱，是根据儿童膳食营养素参考摄入量而定的，能满足幼儿对能量和各种营养素需要而编制的每周平衡膳食的科学配方，包括食物种类、数量、用餐时间及烹调方法等。

例如：带量食谱周一晚餐（单位：g）

土豆焖猪肉	土豆40、胡萝卜15、瘦肉25
腐皮炒生菜	腐皮10、生菜120、花生油5
米饭	大米70

例如：根据表3-9～表3-12进行营养分析。

营养素摄入量占推荐摄入量百分比：除了锌低于90%以外，其他从能量到几大营养素的摄入都达到甚至超过了全托儿童膳食营养素摄入量90%以上的要求。

蛋白质来源：本周带量食谱优质蛋白（动物蛋白+豆类蛋白）65%，其他蛋白35%，也达到了优质蛋白达到40%～50%，不低于30%的要求。

能量来源：平衡膳食标准是蛋白质供热占12%～15%，脂肪供热占25%～30%，碳水化合物供热占50%～60%。本周带量食谱蛋白质供热占16%，脂肪供热占29%，碳水化合物供热占55%，所以本周食谱能量来源合理均衡。

三餐两点供能比：全托幼儿园平衡膳食每餐热量分配标准是早餐25%～30%，中餐35%，午点5%，晚餐30%～35%。本周带量食谱三餐热量分配是早餐26%，中餐32%，午点6%，晚餐26%，也都达到了热量分配标准。

结论是本周带量食谱达到营养标准。

表3-9　春季一周带量食谱：营养素摄入量占推荐摄入量百分比

营养素	单位	摄入量	推荐摄入量	摄入量占推荐摄入量的（%）
能量	kcal	1486.35	1468.07	101
蛋白质	g	60.2	50.09	120
脂肪	g	48.15	53.05	91
碳水化合物	g	209.63	197.56	106
钙	mg	671.94	738.55	91
铁	mg	15.57	12.01	126
锌	mg	8.82	11.08	80
维生素A	mg	907.14	569.27	159
维生素B_1	mg	0.88	0.66	134
维生素B_2	mg	1.16	0.66	176
维生素C	mg	79.7	66.92	119

表3-10　春季一周带量食谱：蛋白质来源

项目	动物类	豆类	谷类	其他
摄入量/g	34.6	4.8	16.1	9.5
占总摄入量（%）	57	8	27	8

推荐：动物蛋白质加豆类蛋白质占蛋白质总摄入量的50%以上。

表3-11　春季一周带量食谱：能量来源

项目	蛋白质	脂肪	碳水化合物
摄入量/kcal	240.8	433.4	812.2
占总摄入量（%）	16	29	55

表3-12　春季一周带量食谱：三餐两点供能比

类别	早餐	午餐	午点	晚餐	晚点
摄入能量/kcal	383	476	89	383	155
占整天摄入总能量（%）	26	32	6	26	10

注：1. 我园采用上海甄鼎营养软件进行每周食谱营养计算分析。

2. 一周食谱营养分析按四天计算，统计时间自每周食谱的周一午点开始至周五的午餐为止。

任务实施

步骤一：资源准备。

准备计算机、幼儿园带量食谱管理软件、常用办公软件如Word、常用文具、书、本、存档工具。

步骤二：核算采买食物种类和数量。

如果幼儿园有带量食谱管理软件，这项工作可以用软件完成，但还要考虑以前各种食物的库存数量和幼儿出勤人数。通常根据食谱和幼儿出勤人数以及食物食部来计算采买食物的种类和数量，以免采买食物过多而浪费。不要因为采买不足而增加食堂人员的麻烦，更不要因为忘记采买而耽误厨房工作，影响幼儿按时按量进餐。

知识链接

食　部

核算采买食物数量时要考虑“食部”的概念。从市场上采集来的食物（市品），按照通常的加工、烹调和饮食习惯，很多食物具有不可食部分。食部就是市品减去不可食的部分（食部可以通过查中国食物成分表得到）。食物的可食部比例不是固定不变的，它会因运输、贮藏和加工处理等方法的不同而有所差异。因此，当认为食物实际的可食部比例与成分表中的数值有较大出入时，可以采用自己实际测定的食物可食部的比例来计算营养素含量。

如排骨的食部为72%，每百克排骨蛋白质含量为16.7g，则15g排骨所含蛋白质=16.7/100×72%×15g=1.8g。

在中国食物成分表里可以查到食物的各种营养成分：食物名称、可食部分、能量、水分、蛋白质、脂肪、膳食纤维、碳水化合物、维生素A、维生素B_1、维生素B_2、烟酸、维生素E、钠、钙、铁、维生素C以及胆固醇含量。

步骤三：完成制订幼儿园一周食谱的采买计划。

首先按照表3-13广州市第一幼儿园春季一周带量食谱按类别设计采买表格，计算采买的数量，假设主副食原来没有库存，调料足够不用考虑采买，然后核对供货商和市场的供货情况。

表3-13　春季一周带量食谱（幼儿园平衡膳食，广州市第一幼儿园）

项目	早餐	课间餐	午餐	午点	晚餐	晚点
星期一	在家吃		南瓜淡菜瘦肉粥、七鲜捞面	胡萝卜马蹄竹蔗水	土豆焖猪肉、腐皮炒生菜、米饭	学生奶、葱油花卷
			大米15、南瓜30、淡菜2、瘦肉10、面粉55、猪肉35、鸡蛋30、鲜蘑菇8、干香菇3、云耳1、番茄50、花生油5、小白菜30	胡萝卜20、竹蔗10、马蹄5、茅根1、红糖13	土豆40、胡萝卜15、瘦肉25、腐皮10、生菜120、大米70、花生油5	牛奶200、面粉10、白糖2、葱1

（续）

项目	早餐	课间餐	午餐	午点	晚餐	晚点
星期二	鲜牛奶、核桃蛋糕	柚子	清蒸鲩鱼、番茄烩、日本豆腐、米饭	杞子猪肝煲、鲩鱼汤	香菇菜肉包、眉豆干贝粥	学生奶、糯米糕
	鲜牛奶200、面粉22、鸡蛋30、白砂糖22、核桃仁5	柚子100	鲩鱼70、番茄120、日本豆腐40、大米70、花生油5	鲩鱼头尾50、猪肝10、胡萝卜20、枸杞子1	面粉60、猪肉15、瘦肉20、大白菜60、香菇2、胡萝卜15、香葱1、大米15、眉豆4、干贝2、淡菜2、花生油3	牛奶200、糯米粉8、豆沙4、白糖2、澄米面1
星期三	小白菜肉丝鸡蛋煮螺蛳粉、蒸番薯	香蕉	鲜虾烩豆腐、娃娃菜云耳、炒饭、米饭	甜豆奶	盐焗鸡翼、蘑菇炒双花、小米大米饭	学生奶、蔬菜花卷
	胡萝卜10、小白菜30、猪肉25、鸡蛋25、螺蛳粉35、花生油0.5、番薯60	香蕉100	鲜虾20、胡萝卜10、豆腐70、葱0.2、娃娃菜110、胡萝卜10、云耳1、鸡蛋25、虾皮3、大米70、花生油5	鲜牛奶150、豆浆（自磨）100、白糖15	鸡中翼50、鲜蘑菇15、西兰花30、花菜30、大米60、小米10、花生油5	牛奶200、面粉10、菠菜10、白糖2
星期四	鲜牛奶、肉蓉葱花卷	苹果	凤凰卷、火腿炒油菜、米饭	赤小豆粉葛猪骨汤	香菇肉丝烩面片	学生奶、红豆卷
	鲜牛奶200、面粉43、猪肉25、葱1、白砂糖8	苹果100	鸡蛋40、鲮鱼肉25、猪肉15、火腿15、油菜100、大米70、花生油8	粉葛10、赤小豆10、胡萝卜20、猪大排30、蜜枣0.1	面粉60、冬瓜80、瘦肉30、鸡蛋15、胡萝卜15、干香菇3、香菜1、葱1、花生油	牛奶200、面粉10、白糖2、红豆2
星期五	鲜牛奶、提子馒头、鹌鹑蛋	脐橙	有味饭、萝卜莴笋瘦肉汤	学生奶、苹果	回家吃	
	鲜牛奶200、面粉43、猪肉25、葱1、白砂糖8	脐橙120	菜心45、豆腐干10、胡萝卜10、鸡蛋25、猪肉25、火腿10、干香菇3、虾米2、大米65、莴笋10、萝卜10、粉丝10、瘦肉15、虾皮3、花生油5	牛奶200、苹果200		

注：云耳即木耳；竹蔗即甘蔗；马蹄即荸荠；鲩鱼即草鱼；眉豆即白豆或饭豇豆；鸡翼即鸡翅；番薯即红薯。表中所示均为一人量，单位为g。

任务评价

制订幼儿园一周食谱的采买计划任务评价单

评价项目	评价标准
知识：营养基本概念 儿童膳食及营养需要	了解五大类食物的营养要点 了解儿童的膳食特点、热量供给比例、平衡膳食宝塔
技能：食物卫生质量要求 儿童营养评价	了解采买的流程及方法：研读食谱，查看库房，查看供货商资质，验收进货，记录台账 了解中国儿童膳食营养素参考摄入量 掌握平衡膳食营养素的计算要领
作业形式：书面	一周食品的采买明细

任务小结

幼儿正处于身体的生长发育阶段，合理均衡的膳食是保证和提高幼儿强健体质的重要因素，科学合理的营养是幼儿身体正常发育、身心健康发展的必要保障。大鱼大肉不是科学合理的膳食，烹调食物要合理多样化，激发幼儿的食欲。粗粮与细粮合理搭配，肉类与蔬菜类荤素合理搭配，米面合理搭配，动物蛋白与植物蛋白合理搭配，干稀合理搭配，甜咸合理搭配，食物的种类和数量合理分配，以求供给的蛋白质、脂肪、碳水化合物、维生素、矿物质、水和膳食纤维达到膳食营养素参考摄入量。

知识链接

富含叶酸、钙和铁的食物

人体每天都需要从膳食中获得一定量的各种必需营养成分，如蛋白质、脂肪、碳水化合物、维生素、常量元素（钙、磷、钾、钠、镁等）、微量元素（铁、碘、锌、硒、铜等）以及粗纤维。如果人体长期摄入营养素不足就会发生该营养缺乏症的危险。钙是构成人体的重要元素，不仅是构成机体完整性不可缺少的组成部分，并在机体各种生理和生化过程中对维持生命起着至为重要的作用。婴幼儿缺钙会导致佝偻病，影响小儿的生长发育，还会引起小儿烦躁不安、精神紧张、夜惊多汗；严重时会导致神经肌肉过度兴奋而引起肌肉痉挛、手足搐搦；此外，缺钙还会影响心脏的活动，更为值得重视的是钙缺乏会破坏人体的免疫系统。儿童缺铁会导致缺铁性贫血。了解食物的营养成分，平衡膳食可以避免营养缺乏症的危险，表3-14是富含叶酸、钙和铁的食物。

表3-14 富含叶酸、钙和铁的食物

食物名称	叶酸含量/(μg/100g食部)	食物名称	钙含量/(mg/100g食部)	食物名称	铁含量/(mg/100g食部)
鸡肝	1172.2	芝麻酱	1170	木耳（干）	97.4
猪肝	425.1	豆腐干（小香干）	1019	紫菜（干）	54.9
黄豆	181.1	虾皮	991	蘑菇（干）	51.3
鸭蛋	125.4	奶酪（干酪）	799	鸭肝	35.1
花生	107.5	酸枣	435	鸭血	31.8
核桃	102.6	河虾	325	鸡血	25.0
鸡蛋	70.7	黄豆	191	猪肝	22.6
韭菜	61.2	酸奶	118	葡萄干	9.1
小白菜	57.2	牛奶	104	黄花菜	8.1

单元小结

安全是我们人类生活和生存的必要保障。幼儿园的安全问题，不单涉及园所的正常开展，更重要的是涉及千千万万个家庭的幸福。所以，幼儿园每个人必须从意识、觉悟到行动上牢记安全管理职责，绷紧安全观念之弦，忠于安全管理之事，时刻做到防患于未然。有效的干预策略可以减少和杜绝幼儿园意外跌倒，排除火灾的隐情，保证幼儿园的食品安全。加强学习和演练，可以正确认识无情的自然灾害，消除幼儿对自然灾害的恐惧心理，培养其安全意识和自救互救能力，躲过劫难，尽可能地减少人员生理上和心理上的伤害。通过本单元的学习，可以提升学生的管理境界，从原来的由日常出发思考完成班级的教学、保育管理工作过渡到幼儿园管理层的防患于未然的计划、检查、演练管理工作。通过完成四个任务，提高学生的幼儿园管理的组织能力和协调能力，培养其安全责任意识。

单元检测与练习

1. 跌倒紧急救助的步骤有哪些？

2．跌倒骨折的初步判断和处理原则是什么？
3．幼儿园地震逃生的紧急预案应包含哪些内容？
4．幼儿园火灾隐患的排查方法有哪些？
5．防火逃生的基本动作要领是什么？
6．请写出灭火器的使用方法。
7．请写出儿童营养宝塔。
8．请写出幼儿园食物卫生质量要求。

学习单元四

参与幼儿园团队文化建设

单元概述

本单元所介绍的内容是幼儿园管理的重要方面。从走进并观察幼儿园的外部环境着手，逐渐感受并体验幼儿园的团队文化。通过设计幼儿园的招生简章，将体验到的团队文化与该幼儿园自身的办园理念、宗旨、课程设计、环境创设等实际情况进行对比，从而更加深刻地理解团队文化的内涵。在理解幼儿园办园理念、宗旨及团队文化的基础上，针对某一显性文化特征深入分析，撰写一份关于幼儿园文化建设的报告。在充分感受幼儿园文化建设的实际情况后，针对某个部分或学习环节，组织一次幼儿园团队文化建设的内训活动，设计一份幼儿园团队文化建设的内训方案，实际参与到幼儿园团队文化建设的活动中，将外化的团队成员的言行举止、环境建设等内容内化为自身的一部分。本单元的一系列任务为学生更好地理解幼儿园团队文化建设奠定了基础。

单元目标

1．具有积极、主动、认真的学习态度以及正确的教育观。
2．具有积极参与幼儿园团队文化建设的意识。
3．了解幼儿园各处形象设计、标识、标牌的意义。
4．了解幼儿园办园历史、理念和宗旨。
5．能够设计幼儿园的招生简章。
6．能够撰写幼儿园团队文化建设的报告。
7．能够设计幼儿园团队文化建设的内训方案。

任务一　设计幼儿园招生简章

学习目标

1．了解幼儿园办园理念、办园宗旨、园所概况、课程体系等内容。
2．感受幼儿园团队文化。
3．感受幼儿园招生简章的设计与制作方法。
4．尝试使用基本的设计与绘图软件。

任务描述

一所私立幼儿园有9个班级，其中小班3个、中班3个、大班3个。幼儿园每年都有新生入园，新生入园的集中性时间一般为每年的春季和秋季。现在3个大班即将毕业，幼儿园计划增设3个小班。为便于新生家长了解幼儿园的情况，感受幼儿园的文化氛围，幼儿园要做一份招生简章，简章上一定要有幼儿园的办园理念、办园宗旨、园所概况、课程体系、联系方式等内容。如果你是这所幼儿园的园长助理，请根据掌握到的实际情况为幼儿园设计一份招生简章，放于幼儿园招生办公室或张贴在宣传橱窗中，并且尝试接待前来报名咨询的新生家长。

本任务是制作幼儿园招生简章。通过完成本任务来了解幼儿园团队文化。与本任务相关的知识是幼儿园办园理念、办园宗旨、园所概况、课程体系等内容，与本任务相关的技能是计算机设计并制作图文并茂的招生简章。

任务分析

制作招生简章前，应思考如下主要问题：

1. 是否已经了解该园办园理念及宗旨?
2. 是否已经全面掌握该园园所概况，包括环境及教学各方面的情况?
3. 有没有从该园园长办公室或招生办公室拿到本阶段的招生信息，包含招生人数、年龄范围、生源要求、资费标准、报名程序等信息?
4. 在设计好文本文档的前提下，是否考虑设计图文并茂的彩页或折页?
5. 用哪种计算机软件制作该简章会更容易?

知识准备

一、幼儿园团队及团队文化

幼儿园健康运转离不开正确的管理理念，离不开强有力的领导集体，更离不开一个具有超强战斗力的工作团队。这个工作团队是由教师、高管层和园长组成的共同体，在这个大家庭中，每一位成员都应充分发挥自身具备的知识和技能，协同工作，解决问题，这样才能达成共同的目标。从某种程度上说，团队成员之间能否高效协作，能否体现出真正的团队精神，是衡量一所幼儿园强大与否的标志。

团队成员在相互合作的过程中，为实现集体的社会价值及各自的人生价值，并为完成团队共同的目标，逐渐形成一种价值观、最高目标、行为准则、管理制度、道德风尚等潜意识文化，可将这些潜意识文化概括为团队文化。团队文化是一种特有的价值观念以及承载这些价值观念的行为模式，它处在意识的最深层，是幼儿园文化的内涵。团队文化是社会文化与团队长期形成的传统文化观念相融合的产物，它最早可能由核心领导或创始人提出或萌发，在运行过程中逐渐影响更多的团队成员，表现于团队成员身上，能够使团队成员持有并发自内心地认同这一团队文化，并且落实到自己与幼儿日常接触的言行举止中去；表现于外部环境层面，能够影响到幼儿园的建筑特点、装修风格、形象设计、标识标牌等元素，向外部传递给其他人相对一致的印象。

二、幼儿园办园理念

什么是办园理念？办园理念通俗地说就是办园的出发点。

从某种意义上说，有一位好园长就能办出一个好园所。显然，作为幼儿园的核心人物，园长的办园理念对一所幼儿园的成功创办起着至关重要的作用，并直接影响着幼儿园的办园行为。园长的办园理念主要有哪些？又是怎样落实到工作中的呢？

首先，要认识办园理念与办园思想、教育思想的关系。园长对于办好一所幼儿园会有很多想法，但其中起主导作用的是园长的办园理念，受到园长的个人学识、阅历，对教育本质的认识，地区特点，社会需求等因素的制约。同时，作为一所幼儿园的行政负责人，其领导作用又影响着幼儿园的群体特性。办园理念由办园思想与教育思想组成。明确了办园思想与教育思想的异同点，就能使办园方向更明确，工作流程更合理。办园思想对幼儿园管理者而言，是全面并可持续发展的理念，它更多考虑园所整体的规划。教育思想是针对培养人才的，是从微观角度阐述的教育理念，它更多考虑幼儿个体的培养与发展。同时，办园思想与教育思想是办园理念的两个部分，二者相互联系、相互补充。

其次，要认识办园理念与社会价值取向的关系。办园理念一旦得到社会承认或在社会上广为传播，就会使幼儿园从众多同类园所中脱颖而出，成为独树一帜的品牌园所。从这个意义上说，办园理念就是一种软实力，它虽然不同于幼儿园中的很多硬件设施和条件，但却能起到很多硬件设施无法比拟的决定性作用。

例如：

某幼儿园办园理念：用爱养育，用心教育。

用爱养育：幼儿正处于生长发育期，需要幼儿园全体教职员工的精心呵护。幼儿园全体教职员工都要以爱育爱，让孩子在幼儿园这个温暖的大家庭中健康成长。

用心教育：教育是非常神圣的育人工作，教师必须把全部的心思都放在教育工作中，潜心钻研业务，精心组织教学，耐心辅导幼儿，不断提高保教质量，为祖国的幼教事业做出自己的贡献。

某幼儿园办园理念：国际化、中国化、未来化。

国际化理念：采用国际主流的蒙台梭利、奥尔夫音乐、奥林匹克启蒙数学、感觉统合训练等教育方法，与国外幼儿教育机构互动教研，定期聘请外教融入幼儿园生活，给幼儿提供一个国际化、开放式的环境。

中国化理念：立足于中国，感受中华传统文化的博大精深和绚丽多彩，激发幼儿热爱祖国的热情。理解中国传统的道德理念和价值标准，适应中国的教育体制，为中华民族的伟大复兴做出自己的贡献。

未来化理念：幼儿是未来社会的建设者。使幼儿掌控未来社会所需要的人格、性格、知识和能力，是幼儿园要侧重培养和注重的。幼儿园要给幼儿提供一个成长的平台，让他们尽情地历练自己。

某幼儿园办园理念：传递爱，收获爱。

该园从以下三个方面诠释爱的传递：首先，领导爱老师。领导要身先士卒，做好表率，实实在在地为老师做好服务工作。其次，老师爱幼儿。强调无条件地照顾好每一个幼儿的生活和学习。再次，幼儿爱同伴。告诉幼儿要尊重身边的小朋友，大家互相关心，互相帮助。

通常，幼儿园会将办园理念通过文化背景墙展示出来，如图4-1所示。

图4-1　幼儿园文化背景墙示例

办园理念是幼儿园的灵魂，它包括幼儿园的办园宗旨、办园目标、办园策略，具体体现在园训、园风、园徽、园歌、育人取向、培养目标、精神偶像、育人途径、学风建设、教师形象、工作重心、庄重承诺等方面。每一方面都应当精雕细刻，力求办园理念在实践中得以更加完美。先进的办园理念对内体现的是凝聚力及向心力，对外体现的就是核心竞争力和品牌价值。

例如：

某幼儿园办园策略：实践操作，动手创新。

实践是检验真理的唯一标准。幼儿园将课题研究、园本课程建设与特色园所创建结合起来，将研究成果直接投放于区域教学中，作用于幼儿。幼儿在学习中亲自动手，大胆创新，充分发挥想象力与创造力，从而获得各方面能力的提高。

某幼儿园办园目标：管理科学规范有序，教育研究开拓创新，艺术教育特色彰显，环境育人健康快乐，服务优质打造精品，团结奋进追求卓越。

某幼儿园园训：微笑面对家长，精心呵护孩子，宽容对待同事，善于挑战自我，认真开展工作，平和看待名利，勇于战胜困难，大胆创新开拓。

很多幼儿园将办园策略、目标、园训通过展板展示出来，如图4-2所示。

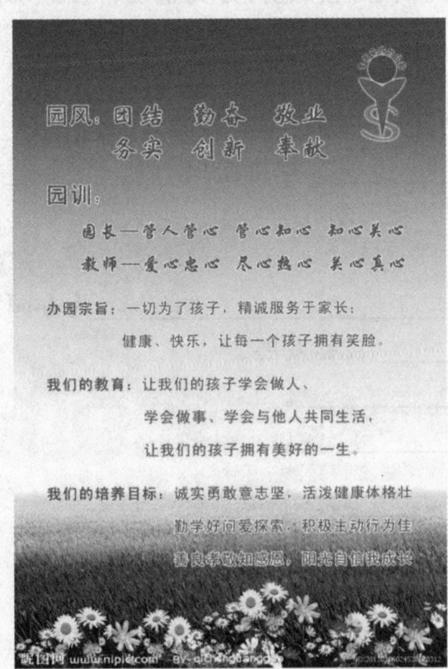

图4-2　幼儿园办园理念示例

知识链接

孔子的办学理念：因材施教　有教无类。

清华大学的校训：天行健，君子以自强不息；地势坤，君子以厚德载物。

北大的办学宗旨：思想自由，兼容并包。

空军蓝天幼儿园园风：团结、进取、求实、奉献。

宋庆龄幼儿园教育思想：把宝贵的东西给予儿童。

三、幼儿园招生简章基本要素

(1) 幼儿园园所概况（成立年份、级别类别、占地面积、幼儿人数、教工人数等）。

(2) 幼儿园办园理念（办园宗旨、办园目标、办园策略、园训、园风等）。

(3) 幼儿园教育特色（班级类型、课程设置、特色环境、科研项目等）。

(4) 幼儿园招生信息（招生班级、招生年龄、招生人数、生源要求等）。

(5) 幼儿园报名方式（报名时间、报名地点、物品准备、资费标准、联系方式等）。

任务实施

步骤一：资源准备。

准备计算机、常用办公软件、常用文具、书、本、存档工具。

步骤二：汇总信息，编辑招生简章。

将参观学习中收集到的所有关于该幼儿园的核心信息进行分类整理，按照幼儿园招生简章的基本要素编辑文字信息。

第一板块：幼儿园园所概况。

我园成立于________年，是________类幼儿园。幼儿园坐落于________________地区，拥有________________，占地面积________________，建筑面积____________，目前拥有教工__________人，活动班级__________套，在园幼儿__________人。

第二板块：幼儿园办园理念。

我园是一所________________幼儿园，以________________________为办园宗旨，本着________________原则，向着__________________目标发展。

我园的办园目标是______________________________。

我园的办园策略是______________________________。

我园的园风园训是______________________________。

第三板块：幼儿园教育特色。

我园现有的班级类型是___________________________。

我园现在的课程设置情况是___________________________。

我园当前的活动环境情况是___________________________。

我园目前参与的课题及科研项目有___________________________。

第四板块：幼儿园招生信息。

幼儿园计划增设______个婴班，______个小班。婴班的招生年龄是______，小班的招生年龄是______。目前婴班招生人数为______，小班招生人数为______。报名新生有如下要求：______________________。

第五板块：幼儿园报名方式。

新生报名时间：____________________ 报名地点：____________________

报名手续办理事宜：____

幼儿园招生办公室负责人：__________ 联系方式：____________________

步骤三：制作完成幼儿园招生简章。

按要求完成招生简章的编辑工作，并交园长审核修改。同时建议继续收集幼儿园图片信息，制作图文并茂的彩页或折页（可选择与广告公司的工作人员一起协同完成）。招生简章后面可以附设报名表，见表4-1和表4-2。

表4-1 幼儿园幼儿报名表

（本表有效期截止时间_____年___月___日）

幼儿姓名：____________ 性别：________ 出生日期：________年____月____日

家长姓名：____________ □父亲 □母亲 □其他 联系电话：______________

家庭住址：____

报名信息			
□婴 班 年龄区间：______ 招生名额：____人	保教特色	课程设置	报名费用
□小班 年龄区间：______ 招生名额：____人	保教特色	课程设置	报名费用
□中班 年龄区间：______ 招生名额：____人	保教特色	课程设置	报名费用
□大班 年龄区间：______ 招生名额：____人	保教特色	课程设置	报名费用

表4-2 幼儿入园初始化档案

表一：幼儿基本情况 编码：

照片	幼儿姓名		性别		出生年月		
	身高		体重		视力	左	
						右	
	入园时间		曾所在幼儿园				
	家庭住址						
	家庭电话		奶奶		姥姥		

父母简历

姓名	工作单位	单位电话	手机电话

（续）

表二：入园测评成绩			
项目	认知领域	身体素质与动作技能	量表总分
量分表			
发展水平			
发展评价			
表三：幼儿生活习性			
幼儿所在园性格情况	外向性	较内向型	内向型
最爱吃的主食		过敏性食物	
最爱吃的菜品		过敏性药物	
最爱吃的水果		所学特长	
幼儿平时吃饭情况	优秀　　良好	一般	较差
幼儿午睡习惯	已养成（　　小时）	未养成	
幼儿易生病季节		易生病范围	感冒　发烧　其他
幼儿免疫力	强　弱　一般	自然分娩	是　否
常照看幼儿人员（出生——至今）	妈妈　　奶奶	姥姥	保姆
家长寄语：			

任务评价

设计幼儿园招生简章任务评价单

评 价 项 目	评 价 标 准
招生简章文字部分	内容真实准确，信息翔实具体 文字通顺，条理清晰 严格按照基本要素设计，不丢项
招生简章图片部分	图片真实具体，与相关文字配合紧密 图片表现力突出，是文字的有效补充 图片清晰美观，能较好地代表园所文化
招生简章整体效果	制作精美，实用性强

任务小结

团队文化不仅表现于一所幼儿园外在环境、装饰装修、标语设计等看得见的层面上，还表现于一所幼儿园的创始人、园长带领全体成员经历长期的工作过程逐渐积累起来的价值观。这样的价值观不断地整合与碰撞，会越发清晰合理，最终形成宗旨、园风、园训等核心理念。

通过制作招生简章，学生对幼儿园团队文化有了一个概括性的了解。本任务揭开了本单元的序幕，学生在此基础上能够顺利进入到接下来的任务阶段，不断体验幼儿园团队文化的深刻意义。

任务二　撰写幼儿园团队文化建设的报告

学习目标

1．感受幼儿园团队文化建设的环境与氛围。

2．理解幼儿园标识、标牌或主题字的象征意义。

3．分析幼儿园团队文化的特征与内涵。

4．体验幼儿园团队文化建设报告的撰写。

任务描述

走进一所私立幼儿园，你感受到环境干净整洁，物品摆放有序。你看到大厅里的元素：左侧墙壁上挂满了幼儿、家长及每个班级的合影，右侧展示幼儿园发展历程表、教师团队风采、优秀教师照片，大厅正对面是一面主题墙，背景群花绽放，上面浮现出主题字："以爱育爱"。这些元素体现着怎样的文化特征呢？如果你是这所幼儿园的实习园长助理，你首先要通过各种方式理解这所幼儿园的文化，并尝试撰写一份关于该园团队文化建设的报告，以加强对幼儿园团队文化的了解和认识程度。

本任务是撰写幼儿园团队文化建设的报告，以团队文化建设为切入点，深入分析，收集资料，通过分析幼儿园团队文化的内容，了解该园文化建设的过程，更深刻地理解幼儿园团队文化建设的内涵，体会幼儿园团队文化建设的重要性。

任务分析

走进一所幼儿园，首先要观察幼儿园的环境创设。幼儿园通常会在很醒目的位置展示自己的宗旨、纲领或园训。这些元素都体现着该园的文化氛围。

1．该幼儿园的办园宗旨是什么？

2．你是怎样理解办园宗旨的？结合自己的经验思考一下。

3．是否需要请教一下该园的教师、办公室人员或园长，问问她们是怎样理解自己办园宗旨的？在日常工作中是怎样落实并体现的？

4．收集相关文字、视频或图片资料。

5．整理资料，撰写一篇关于该园文化建设的报告。

知识准备

一、园所文化建设的重要性

1．园所文化对幼儿身心发展影响深远

对幼儿产生深远影响的要素，首先是其周围的环境。园容园貌，园花园草，都可以成

为具有强大引导功能的教育资源。园所文化作为一种环境教育力量，对幼儿的健康成长有着巨大的影响。幼儿园文化建设的终极目标就在于创建一种氛围，以陶冶幼儿的情操，构筑健康的人格，丰富幼儿的精神世界。

2．园所文化为教职员工营造一种氛围，打造一种精神

园所文化是园所发展的灵魂，是凝聚人心、展示园所形象、提高幼儿园文明程度的重要体现。园所文化对教职员工的人生观、价值观产生着潜移默化的深远影响，而这种影响往往是任何培训都无法比拟的。健康、向上、丰富的园所文化具有渗透性、持久性和选择性，对教师育人观、教学观的形成，对于提高教师的人文素养，培养教师的道德意识，拓宽教师的视野具有深远意义。

3．园所文化建设可以极大提升幼儿园的文化品位，反映幼儿园的综合实力

幼儿园文化建设全面、协调发展，将为幼儿园树立起完整的文化形象，让幼儿园更有内涵，文化气息更为浓烈。园所文化建设体现了幼儿园的综合实力。文化内涵越深刻，核心竞争力就越强。

二、园所文化建设的呈现形式

根据园所文化建设的呈现形态进行分类，园所文化可以分为显性文化与隐性文化两部分。

1．显性文化

简而言之，就是能够用眼睛直接看到的文化建设的呈现形式，多存在于幼儿园的物质环境中。例如：外墙、大厅、教室、活动场地等处的装饰及布置；幼儿园各项活动、仪式、流程等。幼儿园特色教育理念展板，如图4-3所示。

2．隐性文化

该文化在幼儿园中客观存在，但不容易直接发现，常常以潜移默化的形式发挥作用。例如：园风、园训、园歌；教师的教育理念和方法；教师的人格修养、能力水平；师幼关系、团队精神；幼儿园的办园理念、价值观念、办园思想等。

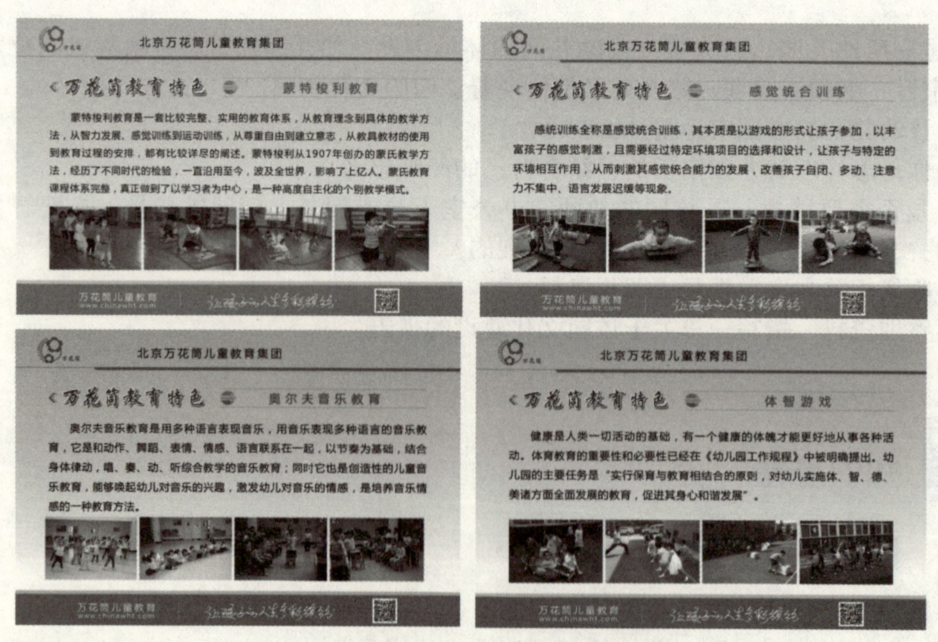

图4-3　幼儿园特色教育理念展板示例

任务实施

步骤一：资源准备。

准备计算机、常用办公软件、常用文具、书、本、录像工具、录音工具、存档工具。

步骤二：整合相关信息。

（1）进园参观，做好相关文字记录。

幼儿园外墙、大厅、教室、活动场地等处的装饰及布置有什么特点？

幼儿园各项活动、仪式、流程等有什么特点？

幼儿园的园风能否被直接感受到？教师的人格修养、能力水平怎么样？

幼儿园有没有园训、园歌？园训的具体内容是什么？园歌的歌词是什么？

（2）及时找相关人员（如园长、办公室人员或教师）座谈，了解有关幼儿园文化建设的相关情况。

询问办公室人员或园长，她们是怎样理解自己办园宗旨的？在日常工作中是怎样落实并体现的？

幼儿园为什么要总结出这样的园训？园训代表了哪些层面的意义？幼儿园都在哪些场合、哪些时间朗读园训？

幼儿园的园歌是什么时间创作出来的？是自己作词谱曲吗？教师和孩子都会唱园歌吗？通常什么时间集体唱园歌？

（3）询问办公室工作人员或教师，观看或收集幼儿园相关活动的照片及视频资料。

幼儿园从建园开始到现在，举办了哪些有意义的大型活动？这些活动的照片和录像有没有保存下来？找机会和园长一起翻阅幼儿园珍贵的历史资料，观看以前举办过的大型活动的影像资料。

幼儿园每年都会举行哪些活动？为什么要举行这些活动？每一种活动都达到了怎样的效果？

幼儿园近期有没有将要开展的集体活动或大型活动？活动流程是怎样的？准备工作是怎样开展的？准备邀请哪些人参加？期望达到怎样的效果？

（4）询问幼儿园的小朋友，了解孩子心目中的幼儿园是怎样的。

“你喜欢来幼儿园吗？你感觉幼儿园哪里最美？”

“你喜欢幼儿园的老师吗？最喜欢哪位老师？为什么喜欢她？”

“你喜欢幼儿园的哪些活动？”

（5）询问幼儿园的部分家长，了解家长心目中的幼儿园是怎样的。

“您的孩子多大了，来幼儿园多长时间了？”

“您感觉这所幼儿园怎么样？”“您感觉幼儿园哪里最美？”

“您的孩子喜欢来幼儿园吗？”

“您知道幼儿园的教育理念吗？您认同这样的教育理念吗？”

“幼儿园经常举办哪些大型活动？您经常参加吗？您对哪些活动最满意？”

“在今后的发展过程中，您希望幼儿园有哪些方面的创新？”

步骤三：撰写幼儿园团队文化建设的报告。

将访谈过程中收获的信息进行系统的加工和整理，总结该园关于团队文化建设方面所做出的成绩。

幼儿园文化建设是一个多角度融合在一起的系统，从每个立意点出发都会有不同的见解和收获。建议自选角度，将收集到的相关资料进行分类整理，经过详细的加工，撰写一篇关于幼儿园文化建设的报告。

要求选点明确，立意清晰，材料翔实，最后再加上自己的感悟和总结。

任务评价

撰写幼儿园团队文化建设的报告任务评价单

评 价 项 目	评 价 标 准
内容部分	逻辑层次清晰，包含观点、论据和感受 图文并茂，论据部分用文字加图片来阐释
完成形式	用计算机完成，并用A4纸打印成标准文档提交
完成效率	在规定时间内保质保量完成任务

任务小结

幼儿园文化建设非常重要，文化建设的表现形式多种多样。幼儿园的开办时间越长，其文化氛围就越浓厚。在文化建设的指导和映衬下，幼儿园完善的设施、合理的布局、各具特色的建筑和场所，都会使人心旷神怡、赏心悦目。这样的文化氛围有助于陶冶人的情操，塑造人的美好心灵，激发人的开拓进取精神，约束人的不良风气和行为，最终促进人的身心健康发展。

知识拓展

幼儿园激活智慧与团队策略之爱的真谛

通过一些与团队协作相关的活动和实践，可以体会到团队文化建设的重要性。老师们第一次走进胜利油田进行实地观摩，第一次看到了传说中的“磕头机”、钻井、东营港，并与油田的工作者进行深入的交流学习，从中体会到一个团队协作的重要性。所谓团队协作能力，是指建立在团队的基础之上，发挥团队精神、互补互助以达到团队最大工作效率的能力。对于团队的成员来说，不仅要有个人能力，更需要有在不同的位置上尽其所能、与其他成员协调合作的能力。通过活动，老师们懂得了只有齐心协力把每份工作做好，才可以将园所内不必要的损失降至最少；懂得了把工作细化、量化、效率最高化的秘诀；懂得了一个团队之间协作的重要性；懂得了要时刻怀着一颗感恩的心、慈孝的心去对待身边的人和事，懂得如何去生活，如何去工作，如何为人处世，如何去为我们身边的每一个人、每一件事做奉献。所有的一切归根于一点：爱。心中只要有爱，我们无所不能。幼儿园激活智慧与团队策略活动实践，如图4-4所示。

图4-4　幼儿园激活智慧与团队策略活动实践

任务三　设计幼儿园团队文化建设内训方案

学习目标

1. 感受幼儿园团队文化建设的实施过程。
2. 体验幼儿园团队文化建设（内训活动）的实施过程。
3. 了解内训的形式和特点。
4. 设计幼儿园团队文化建设内训方案。

任务描述

一所私立幼儿园，最近有一批新教师加入。新教师工作年限不长，对本园团队文化了解得还不够详细。按以前的做法，幼儿园通常要针对新教师开展一些内训活动，从而加强新教师对团队文化的理解和感受程度。内训需要精心的准备，需要按培训需求及参会人员情况制订详细的计划。如果你是幼儿园的园长助理，现在要针对幼儿园的这批新教师，协助园长制订一个关于团队文化建设的内训方案，让新教师尽快熟悉团队文化，尽快融入集体。

本任务是设计幼儿园团队文化建设内训方案。通过完成该任务来熟悉幼儿园团队内训的内容和方法。与本任务相关的知识是对团队文化建设内容的理解，与本任务相关的技能是组织内训活动的方式和方法。

任务分析

除了必须熟悉内训的内容和流程之外，还要思考如下问题：

1．内训的主要目标是什么？
2．能否在一次活动中完全实现目标？如果不能，目标如何分解？
3．活动前期要做哪些方面的准备？
4．内训核心过程需要安排什么样的讲师或组织者？
5．内训过程中是否应订立考核标准？进行现场考核还是后续跟进考核？
6．内训结束后要注意分析结果，撰写总结报告。

知识准备

一、内训的特点和优势

内训是指单位团队内部为达到提高人员素质、提升工作绩效、增强团结意识等不同目的而开展的有计划、有系统的培养和训练活动，如图4-5所示。相比其他人才培养方法，如员工进修、继续教育等，内训有其独特的优势。

1．量身定制，量体裁衣

员工在继续教育或进修时，培训学习的内容并不完全与工作需要相关联，其对员工个人的重要性要大于对单位集体的重要性。但内训的目的很明确，方向很清晰。从内训的整体流程来分析，内训需求调研、内训机构或内训师选择、内训课程开发、内训对象确定等内容表明内训具有极强的针对性，相当于量体裁衣。

2．人均成本低，整体效率高

在内训活动中，如果任用内部培训师进行主讲，其成本主要是时间成本及支付给内部培训师的补贴，培训费用会大大降低；即使是聘用外部培训师，由于参与内训的学员数量往往由本单位自行确定，人均费用一般也不会太高。而且，正因为参与内训的人数很多，人与人之间又很熟悉，大家可以针对一些具体问题进行探讨，达到真正解决关键问题的目的，有利于提高整体学习效率。

3．工作准备简单，工作安排灵活

既然是内训，培训的地点主要设在单位办公所在地，培训时间、培训人员也主要由企业决定。这样，单位内部可以根据自身实际情况，灵活安排培训时间，既确保了参与内训

的人数，也不至于影响正常工作。相反，一些其他形式的培训在培训时间或地点上往往不能由单位自行决定。

4．环节容易调整，质量容易控制

培训内容、培训讲师、培训对象、培训评估都是影响最终培训质量的重要因素。培训质量至关重要，但这又是非常不容易控制的一个环节。在一般的外部培训中，单个企业往往难以掌控这么多环节，进而影响培训质量。在本单位内训中，这几个环节几乎都可以由本单位自己来选择与决定。也就是说，内训环节容易调整，质量容易控制。

图4-5　幼儿园团队内训

二、内训的流程

1．把握需求，制订计划

内训有两个目的，一是解决问题，二是达成目标。无论是为了达成哪个目的，都要做到有的放矢。这就要求在制订内训计划的时候，充分了解本单位目前存在的问题或需要达成的目标，然后有针对性地设计内训方案。

2．落实课程，选定讲师

课程是根据内训需求而制定的，为保证质量，策划者及讲师要经过反复的推敲。内训多是采用集中培训的方式，因此讲师的重要性不言而喻。好的讲师往往能够让内训效果高于预期。在选择讲师的时候，是否有授课经历、相关行业从业经历或授课经验，所擅长领域是否与本课程相同等，都是考查讲师的标准。

3．持续跟进，落地执行

内训不只是讲师授课、学员听课，更重要的是学员是否将所学内容应用到实际工作当中，这是保证内训效果的关键。事实证明，很多气氛热烈的培训现场，最终的培训效果并没有那么高。所以，一套详尽、完善的培训落地考核是十分必要的。

任务实施

步骤一：资源准备。

准备便携式计算机、投影、灯光音响设备、会议用桌、学习工具。

步骤二：按计划实施内训。

根据内训目标，按计划组织并实施内训活动。

内训是幼儿园经常开展的一项重要工作。工作年限不长的年轻教师及新教师对本园的团队文化、教育理念、工作技能不够熟悉，这样幼儿园就需要经常开展一些内训活动，不断加强大家对相关知识与技能的理解和感受程度。内训需要精心的准备，需要按内训需求及参会人员情况制订详细的计划；然后落实课程，选定讲师；最后组织实施，并跟踪考核。

1．按需求制订内训计划

内训要解决的问题是：________________________________。

内训要达到的目标是：________________________________。

参加人员有：________、________、________等人，共________人。

内训的活动时间为：______________，活动地点为：______________。

内训的最终考核方式为：______________________________。

2．落实课程及流程安排并选定讲师（见表4-3）

表4-3 内训活动排班表

日期	活动安排	讲师	地点

3．跟进反馈，落地实施

内训的效果不仅要体现在活动中，更要在活动结束后，检查效果是否及时跟进。可以在活动后做相应的反馈表来衡量内训结果，见表4-4。

表4-4 内训活动反馈表

教师姓名：______________ 活动时间：______________

内容 \ 分数	优秀		良好		及格	很差	备注
	100～90分	89～85分	84～80分	79～70分	69～60分	59～0分	
活动后精神状态							
活动后技能技巧							
活动后认识程度							
发现的其他效果							

步骤三：分析内训结果。

持续落地跟进，分析内训结果，写总结报告。

任务评价

设计幼儿园团队文化建设内训方案任务评价单

评价项目	评价标准
活动准备	活动目标明确 活动准备充分，可操作性强
活动过程	严格按程序组织活动 突发事件较少或没有 活动效率较高
活动总结	活动方案用计算机完成，并用A4纸打印成标准文档提交
完成效率	在规定时间内保质保量完成任务

任务小结

团队文化内训活动是理解幼儿园文化的一个很重要的形式。一个完整的团队文化建设内训方案包括活动目的、活动准备、活动过程和活动评价，活动内容要紧紧围绕活动目标来进行。内训是幼儿园经常开展的一项重要工作。通过内训活动，可以使新教师迅速了解本园的团队文化和教育理念，尽快融入幼儿园的集体生活。

知识拓展

活动案例：×××幼儿园关于办园理念的知识竞赛

为加强×××幼儿园校园文化建设，促进大家积极理解和掌握幼儿园办园理念及相关园规、园训方面的学习，特举办×××幼儿园关于办园理念的知识竞赛活动。关于活动具体通知安排如下：

活动主体部分以知识竞赛的程序进行，程序分三个阶段，一是赛前准备阶段，二是竞赛实施阶段，三是学习总结阶段。

一、赛前准备阶段

1．明确竞赛试题的范围和参赛条件，选定参赛队及参赛选手，制定竞赛规则。

2．赛前学习辅导，答疑解惑。

3．主持人主持词准备，试题及材料准备。

4．评委会人员准备，熟悉比赛题目及流程。

二、竞赛实施阶段

1．会场设备调试：灯光、音响、调音台、话筒、抢答器、计分板、照相机、摄像机。

2．参赛队员入场：按桌牌找位置对号入座。

3．建立团队，公众承诺：以每组为单位，建立团队；各组设计队名、队呼，选出队长。同时订立公众承诺机制，即奖惩机制。

4．明确参赛纪律：强调各项参赛规则，公布加分方式，提醒违反规则的扣分方式。

5．竞赛正式开始：按每轮必答题、抢答题、风险题等方式进行。竞赛过程中，严格执行竞赛规则。每一轮结束后，主持人报一遍分数。每一轮抢答题开始前，主持人请每队测试抢答器。

6．竞赛结束：最后一轮题目结束后，主持人公布最终得分（如有重复得分，则加试抢答题）。最终分数出来后，确定第一名及最后一名，按公众承诺实施奖惩机制。

7．竞赛总结：各项环节都进行完毕后，主持人请园长或相关领导为活动做总结。

三、学习总结阶段

1．活动结束后一周之内，每组队员上交活动总结。

2．幼儿园组织相关人员对活动效果进行调查，汇总结果，为下次活动做准备。

单元小结

团队文化已经成为众多幼儿园实践园所文化管理过程中强有力的核心价值观。团队建设也已经成为园所文化深植过程中一个至关重要的课题。幼儿园要高度重视园所文化建设。团队赖以运行的组织文化是团队能否成功实现目标的关键因素之一。团队文化的核心是信任。一是团队成员间相互的高度信任，即团队成员必须彼此相信各自的个性特点和工作能力；二是管理者对团队成员的信任，主要表现为组织过程中的透明度和公开性。为此，幼儿园高层管理者必须致力于创造一种支持团队建设的、开放性的组织文化。这种文化既能支持团队成员积极开发自身潜能，建立一种勇于承担风险的自信心，又能接受来自基层对上级管理者制定的战略方案、管理模式的种种质疑，容许团队成员工作中的失败，进而使团队成员的创造性潜能得到最大化的释放。

加强团队文化建设对于幼儿园来说至关重要。团队文化建设的深入程度从某种程度上讲直接体现着幼儿园的整体形象及办园价值。

单元检测与练习

1．什么是团队文化？

2．幼儿园团队文化的重要性体现在哪里？

3．怎样做好幼儿园的团队文化建设工作？

学习单元五

协调与配合家园共育工作

单元概述

本单元所介绍的内容是协调与配合家园共育工作。它是幼儿健康成长的基础，是幼儿园工作的重要环节，也是幼儿园管理的一个重要组成部分。我们以一名幼儿园园长助理的身份深入幼儿园，从了解什么是家园共育、家园共育的重要性开始，到学会设计家园共育合作活动方案；从了解家园共育的多种形式开始，到能撰写幼儿园家长学校的工作计划。本单元注重培养学生协调与配合家园共育工作的实际能力，与家长进行有效沟通的能力，为学生今后走上工作岗位从事相关工作奠定基础。

单元目标

1．了解家园共育的具体形式。
2．了解幼儿园家长学校的工作内容。
3．能有效地与幼儿家长沟通，并对家长进行指导。
4．能组织开展生动活泼的家园共育活动。
5．会设计幼儿园家园共育活动方案。
6．会撰写幼儿园家长学校的学期工作计划。
7．具有良好的协调能力和团结合作的大局意识。

作为学前教育专业的中专学生，我们已具备了基本的幼儿教育学与幼儿心理学的理论知识，掌握了一定的教学技能。但作为一个刚刚走进新工作岗位的教师，我们会面临许多新的挑战。家园沟通是否顺畅、家园教育是否一致，都会影响幼儿园保教工作的质量。与家长沟通、开展有效的家园共育活动是幼儿教师不可回避的工作内容，良好的沟通与交流是幼儿园和家庭合作共育的桥梁。可见，在幼儿园管理课堂中还需要我们掌握幼儿园家长工作的形式、内容与方法。欢迎大家体验协调与配合家园共育工作单元。

任务一　设计幼儿园家园共育活动方案

学习目标

1．了解什么是家园共育。
2．理解家园共育的重要性。
3．会设计幼儿园家园共育活动方案。
4．能协助园长组织开展生动活泼的家园共育活动。

5．具有良好的沟通能力、协调能力以及团结合作的大局意识。

任务描述

一所幼儿园的小一班的家长集体向园长反映，小班绝大多数幼儿都未去过动物园，且家长、幼儿都有前去参观的意向，希望幼儿园组织一次集体去动物园参观游玩的活动。并且在家长委员会上提出参观动物园的议题，并形成决议。假如你现在是该幼儿园的园长助理，请你根据这个议题来设计小班幼儿到动物园参观游玩的活动方案。

任务分析

要设计小班幼儿参观动物园的家园合作活动方案，需要思考以下主要问题：

1．活动的目的和意义。
2．活动对象的年龄阶段、活动地点和活动时间。
3．相关的准备工作。
4．活动的具体实施步骤。
5．后续活动或亲子活动的准备。

知识准备

一、家园共育概述

家园共育是指家长与幼儿园共同完成孩子的教育。在孩子的教育过程中并不是由家庭或是幼儿园单方面地进行教育工作。

家园共育的本质特点就是“共”字。家园共育即幼儿园与家庭、教师与家长相互配合，共同促进幼儿发展。家园共育改变了以往整个教育以幼儿园教育为主、以家庭教育为辅、幼儿园要求家长配合、家长只是被动顺从的局面。家庭与幼儿园都是养育幼儿的重要环境，家长和教师都是实施教育的主体，两者应是互动、合作的伙伴关系，共同担负着教育幼儿的任务。

家园共育中的“育”包含着保育和教育。幼儿的生理和心理特点决定了不能只进行单纯的教育，幼儿园教育是“保教结合”的教育。家庭教育中保育的成分虽占有较大的比重，但同时也是幼儿道德教育、情感家园的重要场所。所以，家园共育的过程是幼儿园与家庭合作，结合幼儿的生活习惯、个性特点对幼儿进行全面教育的过程。

因此，对于幼儿教育来说，家庭教育和幼儿园教育是不可分割的两个重要组成部分。少了哪个方面，幼儿的成长都是有缺失的。家庭与幼儿园之间应该是相互合作的关系，在家园双方了解与沟通的基础上，正确定位自己的教育观念，在幼儿的发展中发挥各自不同的作用。

二、家园共育的重要性

1996年，国家教委颁布的《幼儿园工作规程》指出：幼儿园应主动与幼儿家庭配合，帮助家长创设良好的家庭教育环境，向家长宣传科学保育、教育幼儿的知识，共同担负教育幼儿的任务。可见，幼儿园与家庭在教育上相互融合，教师和家长成为伙伴关系是依法治教的需要。

我国著名幼儿教育家陈鹤琴先生说过："幼稚教育是一件很复杂的事情，不是家庭一方面可以单独胜任的，也不是幼稚园一方面可以单独胜任的，必定要两方面共同合作方能得到充分的功效。"幼儿园只有与家庭相互配合，才能提高对幼儿教育影响的一致性和有效性。

儿童的发展受到幼儿园、家庭、社会多方面的综合影响，儿童的发展水平是儿童与环境相互作用的结果。因此，要想促进幼儿在体、智、德、美等方面都得到发展，就必须协调好环境中的各个教育要素及其相互之间的关系，使幼儿园和家庭开展的各种活动都能有机结合、和谐统一。可见，幼儿园与家庭合作共育是提高教育质量的需要，是促进幼儿全面发展的需要。

幼儿园与家庭合作共育，也是提高家长教育素质的需要。实践证明，家长参与幼儿在幼儿园的活动，与幼儿园密切合作，不仅能使家长们更好地认识自己作为教育者的角色，增强教育信心，改善家园关系，而且随着他们对幼儿园教育活动了解的深入，对幼儿的学习游戏活动的介入越来越多，他们的教育行为会进一步向着科学化、艺术化的方向发展。

可见，家园共育对于提高学前教育质量、提升幼儿园品质、促进幼儿全面发展、提高家长教育素质等方面都起着积极的作用。

三、家园共育合作活动的原则

《幼儿园教育指导纲要（试行）》中指出：家庭是幼儿园重要的合作伙伴，应本着尊重、平等、合作的原则，争取家长的理解、支持和主动参与，并积极支持、帮助家长提高教育能力。为了保证家园合作共育活动达到预定的目标，取得良好的效果，我们在设计、实施、评价家园合作活动时必须遵循如下原则。

1. 平等性原则

幼儿园的领导和教师要尊重家长，平等对待家长。在举行各种合作活动时，一定要先征求家长的意见，采纳合理化的建议，激发家长的热情，唤起家长的主人翁意识，进而提高活动的质量。

2. 全面性原则

家园共育的合作活动一定要面向全体家长和全体儿童，让他们都有机会参加，并能从中受益。另外，还要注意使儿童在体、智、德、美等方面都能得到发展，成为一个完整的人。

3. 针对性原则

家园共育的合作活动要根据幼儿、教师、家长特点及幼儿园教育、家庭教育中发生的具体情况来设计实施相关活动，有的放矢，使活动具有针对性。

4. 娱乐性原则

家园共育的合作活动要寓教于乐，使幼儿、家长在轻松、愉悦、欢快的气氛中增长见识，发展能力，使幼儿在游玩中学习和成长。

5. 节约性原则

家园共育的合作活动要实事求是，因地制宜，符合幼儿园和家庭的基础条件和物质设施，不搞形式主义。另外，还要注意勤俭节约，充分利用各种废旧物品和自然材料，少花钱多办事，少投入多产出。

任务实施

步骤一：资源准备。

资源准备主要是指参观前的准备工作。主持活动的教师应充分考虑参观动物园活动中所需的人、财、物、事、时间、信息等各要素。

1. 思想动员

首先，在家园栏内以通知的形式告之家长，近期本班要开展“参观动物园”这一活动，并详细介绍围绕这个主题幼儿园将要开展的各项教育活动，请家长予以关注。在这之后，可利用接送时间与家长进行简短的沟通，请家长和幼儿共同收集有关动物的图片、视频、图画、歌曲、谜语等，为开展教育活动和后续活动做准备。同时遴选出参与愿望强烈、能力强的家长作为家长代表帮助教师进行活动准备。通过一系列的思想动员活动，家长们的热情被调动起来，参观动物园已经不仅是幼儿所期盼的，也是家长们热切盼望的活动。

2. 实地考察

为保证活动的教育性、趣味性，教师和家长代表要亲自进行实地考察，一起画出观看动物的主要位置及具体路线图，把反映各种动物主要特征的图像、文字列成图表并打印出来，在接送幼儿时发给家长，供家长参考。

3. 物品准备

参观活动前，充分听取家长的意见，充分利用家长资源，落实参观活动所需的各种设备。如预订客车，带摄像机、照相机，油毡布，备足食品、饮用水、垃圾袋等。

4. 温馨提示

参观前一天，教师最好通过短信平台或便条再一次提示家长参观时间、天气情况，以便做好各项准备，保证活动的顺利进行。

5. 家长沟通

幼儿园所进行的任何一项工作都离不开与家长的沟通。沟通是幼儿园与家长之间彼此了解、相互信任的重要渠道。

知识链接

沟通是家园共育的基础

教师与家长沟通是一个循序渐进的过程，教师与家长从相互理解到彼此信任再到携手合作，是教师在沟通中应该遵循的普遍规律。

1．理解

现在的家长对孩子的期望和对教师与幼儿园的期望都很高，再加上有的家长是完美主义者或者是以自我为中心的性格类型，所以孩子、教师和幼儿园在某些方面一旦不如自己所愿，这类家长就会很失望，难以理解幼儿园教育的一些理念、规则和做法。因此帮助这些家长逐渐理解科学的幼儿园教育，与他们在家园共育方面达成共识，是教师与家长沟通的第一个目标。

2．信任

信任是“相信而敢于托付”的意思。对于家长来说，把自己的孩子托付给幼儿园进行保育和教育，说明家长的信任感是建立在对幼儿园教育的理性认识基础之上的；至于托付的教师是否值得信任则取决于家长的情感状态，而情感的建立要远比理性认识来得慢。有的教师总结说：“家长越是不信任我，我越对他的孩子好，结果孩子见到我就想让我抱，时间久了，家长就不得不信任我了。”这说明孩子对教师的情感是赢得家长信任的基础。

3．合作

家庭和幼儿园是影响幼儿早期发展的两大场域，它们对幼儿的教育有很大差异。幼儿能力和习惯的培养，单靠幼儿园的教育是不够的。如果家长和教师的要求不一致，不但幼儿园的教育效果受到影响，而且不利于幼儿学习社会行为规范和锻炼人际交往能力，进而影响幼儿的社会性发展。所以，家园合作共育是最理想的状态。正如前苏联著名教育家苏霍姆林斯基所说：“若只有学校而没有家庭，或只有家庭而没有学校，都不能单独地承担塑造人的细致的、复杂的任务。”

步骤二：落实参观具体步骤及过程。

1．按照时间节点，落实从出发到返回每个环节活动

（1）出发之前。明确集合及出发的时间，各班教师清点人数，说明参观注意事项，提醒家长注意孩子的安全，让孩子自己行走，自备食品和饮料。

（2）参观过程。参观时，鼓励家长以班级、小组为单位进行活动，便于教师及时指导管理。启发家长一边引导孩子观看动物，一边给孩子讲解动物的主要特征。若遇到孩子特别感兴趣的动物，观看的时间可长一些。教师请家长代表为整个活动摄像、拍照，可适当安排自由活动。

（3）活动结束。明确集合时间，教师清点人数，向家长致谢。

2．幼儿园对家长和幼儿提出相关要求

（1）安全保证。因幼儿特定的年龄特点，外出时会有比成人更多的安全隐患。幼儿园教师数量毕竟有限，不可能像家庭出游时那样做到几个大人随时关注一个幼儿。而安全问题又是所有活动的必要前提，因此必须和家长、幼儿提出安全要求。如服装鞋帽：外出游玩时穿什么样的鞋最舒适、最安全？安全教育：怎样乘车是最安全的？坐车时应该注意什么？外出游玩时怎样才能不掉队？

（2）随机教育。为配合参观活动，教师和家长可进行相关的教育，以保证活动的效果。如环保意识：参观的时候想要大小便怎么办？用过的垃圾和果皮纸屑如何处理？礼貌教育：外出活动时给我们提供帮助的司机应该说些什么？怎样注意保持车内地面、椅子的清洁？科学探究：可根据幼儿的年龄特点，组织开展有趣的科学探索活动。

（3）及时沟通。面对幼儿园组织的活动，大多数家长会让孩子积极报名参加，但也有一部分家长会有这样那样的担心。这就需要教师及时了解家长的心理，消除家长的顾虑。如有特殊情况，更需要与家长进行有效的沟通，发现问题的原因并及时帮助家长解决问题，实现家园间的有效沟通。

(4) 后续活动。参观活动结束后，幼儿园趁机开展相关的系列教育活动，教师要引导家长继续关注孩子的活动，配合幼儿园开展相关活动，帮助幼儿丰富已有的生活经验和知识经验。如：说动物园、建动物园、画动物园、唱动物歌曲、猜动物谜语、表演动物游戏等。

步骤三：撰写家园共育合作活动方案。

家园共育合作活动方案主要由以下几个方面组成：活动名称、活动主持者、活动对象、活动时间与地点、活动目标、活动准备、活动内容与形式、活动的具体步骤与过程、后续活动。按照此步骤在计算机上完成此方案。

任务评价

设计幼儿园家园共育方案任务评价单

评价项目	评价标准
活动方案的基本框架	能写出完整框架
参观准备工作	考虑问题周到、全面
活动总体安排	适合幼儿特点，活动科学合理
与家长合作	教师尊重家长，家园配合默契
后续活动设计	贴近主题，丰富多样，注重家长参与

任务小结

家长是我们教育工作中的合作伙伴，虽然只是一次小小的外出参观活动，却时刻离不开与家长的沟通与交流。从开始参观活动的设计，到向家长宣传参观计划，在这一过程中更是要细心地发现不同家长各自的顾虑并及时给予正确的引导和建议，活动结束后引导家长根据此次活动启发幼儿，丰富幼儿的生活知识经验，每个环节都要充分考虑家长的参与。通过每一个环节，使家长充分感受到教师科学的教育观念，以及对家长的理解、对孩子的关心，从而为进一步建立良好的家园关系打下基础。

知识拓展

万花筒幼儿园"快乐跳蚤市场"活动方案

(一) 活动名称：快乐跳蚤市场

(二) 活动主持者：教师、幼儿及幼儿家长

（三）活动对象：小班、中班、大班和家长

（四）活动时间：2015年5月11日下午16:00—17:30

（五）活动地点：万花筒幼儿园塑胶操场

（六）活动目标

1．了解举办跳蚤市场的意义，愿意将自己的旧物品与同伴分享、交换，懂得爱惜物品，珍惜资源，废旧物品再利用。

2．体验公平买卖的乐趣，培养初步的理财意识。

3．培养语言表达力和计算能力、社交能力。在买卖的过程中学会与同伴进行礼貌交往。（活动中通过语言交流换到或买到自己喜欢的物品；能正确计算出付款数量。）

4．学习主动推销自己商品的方法，学习设计促销语。

（七）活动摊位：每位小朋友一个摊位。

1．摊位品种：玩具、图书、学习用品等自己不再继续使用的物品。

2．物品买卖价格：根据情况，自己来定。

（八）快乐跳蚤市场守则

1．货物自行定价，可实物交换，也可购买；交换还是购买，由小朋友自行决定，家长只当顾问，不得直接参与；互相尊重，不得强买强卖，童叟无欺。

2．购买过程中需要孩子自己检查玩具是否有缺损，一经交易成功，不得反悔。

（九）活动准备

1．提前跟孩子和家长做好宣传工作，将家里的旧玩具等物品整理出来。

2．请家长朋友和孩子制作好买卖海报和价签，做好市场宣传效应。

3．活动当天摆好需要的椅子，家长准备垃圾袋与大块布（备用）。

4．人员安排：主持活动开幕。宣布“万花筒幼儿园第一届快乐跳蚤市场”正式开业。（提前讲说明、规则。）

5．每个幼儿带来想出售的旧玩具、图书等物品。

6．准备横幅、彩旗、音乐、营业执照，画好摊位。

7．事先进行安全教育，提醒幼儿带好零钱（10元以内，要求为零钱，如1角、5角、1元、5元）。买卖要有序、谦让，注意礼仪、文明。

（十）活动流程

1．全体幼儿与家长在操场指定区域集合，主持人进行市场开业讲话，讲解市场规则和买卖要求，保持市场整洁有序。

2．家长在老师的引导下协助幼儿在指定区域内（以班级为单位划分区域）摆好摊。

3．其他幼儿和家长在幼儿贸易区自由购买，最后卖方之间可以交换剩余物品。

4．活动后清理现场卫生，家长和幼儿离开。

5．活动人员安排如下：

主持活动开幕：李老师。

横幅：刘老师。

摄像、照相：石老师。

入口秩序、发“营业执照”：吴老师。

安排摊位：西老师、尹老师。

维护活动秩序：各主班教师。

音响师：西老师。

场地卫生清理：全体教师（待全体家长和幼儿离园后进行）。

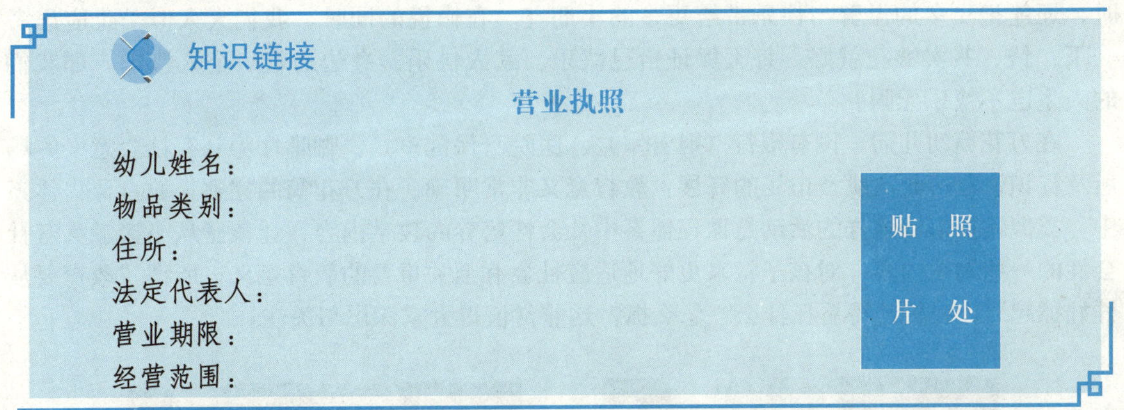
知识链接

营业执照

幼儿姓名：
物品类别：
住所：
法定代表人：
营业期限：
经营范围：

贴照片处

（十一）活动效果评价

幼儿园的跳蚤市场，热闹非凡，震撼全场，如图5-1所示。100多个摊位不到半小时的时间一抢而空。必须持有万花筒的“营业执照”方可摆摊。摊位的小商品琳琅满目，有各式各样的图画书、奇形怪状的玩具，还有极其可爱的布娃娃，每一样都能吸引众人的眼球，而且价格超级便宜，起价才5角，真让人应接不暇。小朋友们长这么大，一向只管向父母伸手要钱，但今天，终于可以自己做主了，一个个小宝贝俨然成了小老板，脖子上带着营业执照，手里拎着一个准备装钱的袋子，地上铺上一块垫子，摆上一堆自己曾经最喜欢、最热衷的玩具、图书，十足的老板范儿。在这里，没有争吵，没有吆喝，没有竞争，有的只是快乐散发出的味道，还有些许羞涩和腼腆。孩子们自己定价，自由买卖，自由交换，一手交钱，一手拿货，整个交易过程全部由小朋友们来进行，大人只负责协调宝贝们之间的谈价和打包环节。从开张的一块钱，到最后的一摞钱，虽然面值不大，但还是有种说不出的喜悦。有的小宝贝把自己的商品销售完之后，拿着钱又去买别的小朋友的玩具；有的小朋友拿着自己的玩具和别的小朋友进行交换，一个玩具谈不成，再加一个就握手成交；最开始没有开张的小朋友，撅着嘴巴，皱着眉头使劲在思索：为什么没人来买我的玩具呢？可是当第一单成交的时候，竟然高兴得蹦了起来。有一个小宝贝的营业额是6元，我问宝贝“你这笔钱要怎么去花？”他看着奶奶乐呵呵地说：“我请奶奶吃馒头！”有的宝贝特别可爱，一件小玩具要价2元，我开玩笑地问：“一毛钱能不能卖？”卖家宝贝毫不犹豫地回答：“可以。”有的宝贝要价10元，买家在掏钱的过程中，卖家着急了，脱口喊出：“最低3块！”还有买一送一的，还有说只要喜欢就拿走，不要钱的；还有的说给钱就卖，问：“那给多少钱就可以卖呢？”答：“你看着给吧，给多少都行。”到了活动的结尾，有个宝贝的玩具还没有全部卖完，着急大叫：“一块钱全部拿走……”整个活动过程中，童趣味十足，性价比超级高，一件市场价300多元的玩具，在这里只需十几块钱就可以买到；有的小宝贝在电视上看过的很多玩具在市场上没有找到，结果今天在万花筒的跳蚤市场上找到了，而且价格低得惊人，低价淘到之后，别提多高兴啦！

小宝贝们在今天这样的场合，销售的营业额不是关键，把自己摊位上的商品卖光才是最开心的，钱不在多，开心快乐最重要。虽然他们对金钱的概念还不是那么明确，但有一点是可以肯定的，那就是快乐的传递、正能量的升华。或许自己毫不起眼的一件小玩具就能圆一个小弟弟的小梦想；一个巴啦啦小魔仙的布娃娃，或许能给一个小妹妹的成长添加浪漫的童话色彩。给曾经陪伴自己成长并饱含快乐的玩具重新找个家，自己得以欣慰的同时，还能把更多的温馨与快乐带给更多的小朋友。在愉悦的同时，我们大人似乎也应思考一下：钱，其实够花就好，每天保证自己快乐、家人快乐、身边的每一个人快乐，那我们的人生岂不快乐无限？

在万花筒幼儿园，设有银行（财务室）、医院（保健室）、咖啡厅等具有社会意义的场所及标识，包括此次跳蚤市场的开展，教育意义非常明确。在万花筒的完整人教育课程体系中，类似跳蚤市场这样的活动是课程体系中社会性培养的教学内容，让孩子从小接触具有社会性的一些知识内容，对孩子将来更好地适应社会有至关重要的教育意义！所谓“教育要从娃娃抓起”，我们还得看抓什么？怎么抓？这非常值得大家深思与关注！

图5-1 快乐跳蚤市场

任务二　撰写家长学校工作计划

学习目标

1．了解家园共育的多种形式。
2．了解幼儿园家长学校的工作内容及开展工作的方法。
3．会撰写幼儿园家长学校的学年工作计划。
4．能有效地与幼儿家长沟通，并对家长进行指导。
5．具有良好的协调能力和团结合作的大局意识。

任务描述

一所幼儿园有9个班级，共有幼儿270人。为了更好地做好家园共育工作，幼儿园开办了家长学校。新的学期又开始了，如何开展本学期的家长工作呢？你是这所幼儿园的园长助理，要协助配合园长做好家长工作。首要的任务是了解家园共育的常见形式，掌握家长学校的相关工作内容及开展方法，在学期之初撰写出本学年家长学校的工作计划。

任务分析

幼儿园家长学校工作计划就是对开展家长学校活动的计划和措施，一般来说，就是通过挖掘家长和社区资源，使家园和社区取得较好的配合，促进幼儿的全面发展而制订的工作计划。根据幼儿园家长学校工作的指导思想，要撰写幼儿园家长学校的工作计划，需要思考如下问题：

1．家长学校的年度工作目标：家长学校的工作目标应围绕家长学校的工作内容来进行，可根据幼儿园实际情况从以下几方面考虑：家长学校的组织机构和工作制度是否健全？是否有切实可行的运行机制？家长学校师资队伍和管理队伍建设情况如何？常规管理工作抓得如何？还有哪些与时俱进的创新形式？是否开展家长学校课题研究？教师为家长服务的意识和与家长沟通的能力如何？利用家庭与社区教育资源，可举办哪些活动？

2．完成工作目标的具体措施：具体措施是指为实现家长学校的工作目标所采取的措施，可与目标一一对应。

3．哪些具体活动能帮助很好地完成工作目标？每月适合开展哪种类型的活动？哪些活动最受家长欢迎？活动要有新意且能达到效果，有利于目标的实现。

知识准备

前面我们已经了解了家园共育的重要性，也学会了设计一个具体的家园共育合作活动方案。但对于幼儿园来讲，为了更有效地做好家园共育工作，还应因地制宜，采取多种形式，通过多种渠道，对家长进行家庭教育的指导，提高幼儿教育的质量。

一、家园共育的常见形式

幼儿园要从学前教育的目标、任务出发，确定家园共育的主要内容，而且还要从家长的实际情况出发，选择家园共育的具体形式。一般常见的家园共育形式有以下几种。

1. 家长委员会

一般由各年级各班推荐出来的家长代表组成，每学期召开会议，研讨家庭教育，制订相关活动计划。家长委员会的职责就是参与讨论、审定幼儿园的一些工作计划和一些大活动的方案，同时还可监督幼儿园的卫生保健及伙食的开支。家长委员会每学期举行1至2次例会，听取幼儿园园长关于学校工作情况的通报，修改、商讨家长服务公约，研究家长委员会年度工作计划，排定值班表，提出幼儿在园活动的建议。

建立家长委员会制度的目的主要是让家长了解幼儿园发展方向，参与管理幼儿园的工作，增进家园之间的交流互通，充分体现家长的参与权、知情权、发言权和评价权，真正达到家园共育的目的。

2. 家长学校

家长学校是对在家庭里承担抚养教育子女责任的父母和其他长者进行系统教育和训练的学校，是为了提高家长素质和家庭教育水平而成立的成人教育机构，是宣传正确的家庭教育思想和普及科学的家庭教育知识的主要场所，是幼儿园开展家庭教育工作和进行公民素质教育的有效途径。

3. 家长会

家长会是由幼儿园或班级教师专门面向幼儿家长发起的，以园长或班级教师讲述、介绍和传达为主，以家长提问为辅的常规沟通形式，分为幼儿园家长会和班级家长会两个层次。

4. 家教宣传栏

家教宣传栏是家长了解幼儿园和班级工作的重要窗口，一般设置在班级教室门口左右两侧的墙面。在这一园地里，为家长提供方方面面的指导，有儿童身体与心理发展知识、家庭营养知识、家庭教育方法以及新的教育观念与实践等，还给家长留一点篇幅，供讨论、谈心得体会、提意见或建议等，并及时更换。

5. 父母沙龙

这是幼儿园家长学校的一种新形式，它不像家庭教育讲座、家长会那么正规、严肃，它使家长在自由轻松的环境中充分发表自己的见解，倾听其他家长、教师和教育专家的看法，在不知不觉中受益。

6. 家长开放日

家长开放日是一种幼儿园定期或不定期地邀请家长来园参观幼儿活动的情况以及教室保教工作的沟通形式。家长开放日一般为半日，主要是让家长看看教师是如何组织幼儿开展活动的，孩子又是如何生活学习的，在哪些方面还需要加强与幼儿园的配合，以及对活动的意见和建议等。

7．家园小报

家园小报是教师面向全体家长编辑、整理和印发的书面资料，也可以发动家长承担小报的部分工作。篇幅可长可短，栏目要丰富多样，要充分体现家长和幼儿的参与以及家长、幼儿和教师之间的三方互动。传统的家园小报是纸质介质，现在也可以做成电子介质。

8．网络沟通

网络沟通是家园共育的新形式。随着网络的迅速发展和民众媒介素质的提高，网络沟通越来越成为年轻教师和家长的选择，这是因为网络沟通具有传统沟通方式所不具备的优点，也反映了信息时代家园沟通的新需求、新特点。

根据幼教工作的性质，教师通常选择以下六种网络沟通形式：班级校友录、校园短信通、博客、微博、微信群、QQ群。

二、家长学校的组织管理与建设

多年来的实践证明，开办家长学校不失为提高家长素质、端正家长教育观念、改进教育方法、迅速提高家教水平的有效途径。我国颁布的《关于进一步加强家长学校工作的指导意见》中指出："家长学校要按照阵地共用、资源共享、节俭办学、务求实效的原则，努力达到有挂牌标识、有师资队伍、有固定场所、有教学计划、有活动开展、有教学效果的规范化建设目标，因地制宜地开展宣传实践和教育指导服务。在组织管理上要健全工作机构，完善管理制度，不断提高家长学校的办学质量和水平。"因此，幼儿园应围绕以上"四个原则"和"六有目标"不断完善家长学校的组织管理与师资队伍建设。

1．家长学校的组织结构

为使家长学校规范化、制度化，幼儿园应成立领导小组，一般由园长、保教主任、教师代表、家长代表等人员组成，负责家长学校的日常工作。其中，园长对家长学校工作负有领导责任。小组成员分工负责，各司其职，每学期召开两到三次工作会议，制订活动计划，安排活动内容，选择活动形式，进行工作总结等。

2．家长学校的规章制度

家长学校持续、有效地开展工作需要一定的规章制度作为保障，并根据工作需要逐步完善各种规章制度，如家长学校领导选举制度、家长学校监督考核制度、家长学校考勤制度、家长学校表彰奖励制度、家长学校档案管理制度等。

3．家长学校的师资队伍建设

家长学校需要一支专职和兼职相结合的师资队伍，以能保证师资力量的专业性与稳定性。幼儿园既要善于外请师资，更需要培养自己的师资。对外可聘请儿童保健专家、幼儿心理专家、幼儿教育专家，有目的、有计划地向家长传授保育、教育幼儿方面的知识和技能；对内应着手培养自己的家庭教育讲师，因为家长最需要的是个性化的家庭教育指导，只有班级教师最了解本班幼儿及其家长的具体情况，指导也更有针对性。此外，优秀家长也是家长学校师资队伍的来源之一，鼓励优秀家长承担家长学校的宣传任务，条件成熟的家长可以被聘请为家长学校讲师。

任务实施

步骤一：资源准备。

1．了解家长

要撰写家长学校的工作计划，首先要了解幼儿园所处社区的特点以及家长群体的区域特点。了解社区各个年龄段儿童的数量、性别和基本家庭情况，了解适龄儿童的主要看护人、父母的职业和文化程度等，然后把这些信息进行统计与分析，对社区儿童及家长的情况有一个大致的了解。此外，班级教师要加强与家长的沟通，了解家长的家庭教育现状，同时可配合发放家长调查问卷，了解家长对幼儿教育的基本态度、观念以及对家庭教育指导的需求。幼儿园据此设计家长学校的主要教学内容与形式，形成具有区域特征的家长学校课程与教育模式。

2．加强宣传

主要是指让家长了解家长学校的重要性，积极主动地参与家长学校的学习和活动，树立以身作则、终身学习的意识与习惯。家长学校挂牌、社区橱窗、发放资料、网站微博、电视广播、海报横幅、布置展板等都是宣传的有效途径。幼儿园还应主动与家长沟通，向家长详细介绍家长学校的办学意义与课程，培养家长在关注孩子成长的同时也关注自身成长的意识。

步骤二：家长学校的教育内容与形式。

1．教育内容

家长学校的教育内容除了要与《幼儿园工作规程》和《幼儿园教育指导纲要》的要求一致以外，还要以《全国家庭教育指导大纲》为依据。《全国家庭教育指导大纲》从儿童的身心发展特点和家庭教育指导内容要点两个方面描述了幼儿园家长学校指导者应知应会的基本内容。

知识链接

0～3岁年龄段的家庭教育指导

1．0～3岁儿童的身心发展特点

婴幼儿期即从出生到3岁，是个体神经系统结构发展的重要时期，儿童身高和体重均有显著增长；遵循由头至脚、由中心至外围、由大动作至小动作的发展原则，逐渐掌握人类行为的基本动作；语言迅速发展；表现出一定的交往倾向，乐于探索周围世界；逐步建立亲子依恋关系。

2．家庭教育指导内容要点

（1）提倡母乳喂养，增强婴儿免疫力。

（2）鼓励主动学习，掌握儿童日常养育和照料的科学方法。

（3）设定生活规则，养成儿童良好的生活行为习惯。

（4）加强感知训练，提高儿童感官能力，预防儿童伤害。

（5）关注儿童需求，激发儿童想象力和好奇心。

（6）提供语言示范，促进儿童语言能力发展。

（7）加强亲子沟通，养成儿童良好情绪。

（8）帮助儿童适应幼儿园生活。

知识链接

4～6岁年龄段的家庭教育指导

1．4～6岁儿童的身心发展特点

4～6岁是儿童身心快速发展时期，具体表现在：儿童的身高、体重、大脑、神经、动作技能等方面获得长足的进步；大肌肉的发展已能保证儿童从事各种简单活动；儿童直觉行动思维相当熟练，并逐渐掌握具体形象思维；儿童词汇量迅速增长，基本掌握各种语法结构；儿童开始表现出一定兴趣、爱好、脾气等个性倾向以及与同伴一起玩耍的倾向。

2．家庭教育指导内容要点

（1）加强儿童营养保健和体育锻炼。

（2）培养儿童良好的生活和卫生习惯。

（3）抓好安全教育，减少儿童意外伤害。

（4）培养儿童良好的人际交往能力。

（5）增强儿童社会适应性，培养儿童抗挫折能力。

（6）丰富儿童感性知识，激发儿童早期智能。

（7）帮助儿童适应幼儿园生活。

2．教育形式

家长学校可以采用讲座的形式来进行，也可以通过科学育儿报告会的形式来进行。例如，针对新生入学，可以进行“幼儿入园分离焦虑的解读与应对策略”专题；针对大班幼儿，可以进行“幼儿入学准备”专题；针对全园幼儿，可以进行“家园共育好习惯”专题。

家长学校可以按照幼儿年龄分为孕期家长学校、0～3岁婴幼儿家长学校、托班幼儿家长学校、小班幼儿家长学校、中班幼儿家长学校和大班幼儿家长学校。此外，也可以按兴趣特长班来施行。家长学校分门别类，有助于幼儿园调查和研究不同家长群体的教育特点和主要困惑，提高家庭教育指导的针对性。

知识链接

家长会的几种组织形式

1．介绍型家长会

这是幼儿园领导或者班级教师向家长介绍班级工作和各种活动的家长会，如开学初幼儿园举办的接待新生的家长会、班级教师举行的介绍班况和学期工作的家长会、幼儿园兴趣班和特色班报名的家长会以及幼儿园举行大型活动前的动员家长会等。

2．讲座型家长会

这是普及幼教基本知识和基本方法的常用形式。如小班家长怎样帮助幼儿缓解焦虑、中班家长怎样培养幼儿良好的行为习惯、大班家长怎样帮助幼儿做好幼小衔接等。主讲人可以是外请的专家，也可以是班级教师，或者是养育得法的家长。

3．分类型家长会

针对幼儿中存在的共性问题，教师可以组织不同类型的家长会，如超重肥胖儿家长会、龋齿患病幼儿家长会、胆小内向幼儿家长会、留守儿童家长会等。不同类型的家长会就是一个相对独立的专题。

4. 视听型家长会

教师在家长会上呈现大量的照片、录像等视听资料，让家长看到孩子在园的言行举止，了解孩子在园的一日生活和学习游戏情况，并引导家长根据孩子的表现探讨育儿话题。这种组织形式生动、形象，会场气氛轻松、愉快，深受家长欢迎。

5. 研讨型家长会

家长就一个或几个话题展开热烈的讨论，彼此分享成功或失败的家教实例和经验。这种类型的家长会需要家长群体有一定的文化基础，适用于教师和家长已经形成良好沟通关系的班级。

6. 建言型家长会

这就是一些幼儿园组织家长参与幼儿园的投资、管理或者课程设置等项目的家长会。家长的建言献策成为幼儿园或班级决策的重要依据之一。

7. 参与型家长会

这是指在家长会上给家长参与游戏、操作、体验、思考和发言的机会。这类家长会形式生动活泼，发人深思，具有创新性，给常规性的家长会带来新的生机和活力。

3. 教育手段

为了加强教学效果，幼儿园应根据教学内容的需要，把传统科学手段与多媒体手段、现代远程教育以及参与式培训手段相结合。如有条件可以尝试建设“网上家长学校”，用以满足不同家长的学习需求。除了传统的讲座以外，可以融入参与、体验、互动等形式，以调动家长参与学习的积极性。

步骤三：撰写家长学校工作计划。

按照工作计划的一般框架，完整写出家长学校工作计划，一般应包括以下几个部分：指导思想、工作目标、具体措施、每月活动安排。

任务评价

撰写家长学校工作计划任务评价单

评价项目	评价标准
工作计划的基本框架	逻辑层次清晰，完整写出一个计划
工作目标	目标明确，符合幼儿园实际
活动总体安排	有新意，丰富多彩，每月均有切实可行的活动安排
家长满意度	活动安排符合家长需求，使之愿意参与家长学校活动

任务小结

办好家长学校是幼儿园教育和家庭教育的契合点。家长学校通过多途径的沟通交流方式及开展一系列丰富多彩的活动，让家长全面了解幼儿园的保教工作，了解幼儿教育目的、内容与方法，充分认识到为孩子创设良好环境的重要性，并全面宣传科学家教知识，帮助家长转变教育观念，改进教育方法，改变长期以来幼儿园教育和家庭教育各自为战的局面，使双方优势互补，形成合力，从而形成家园共育的良好局面，实现家园一体化教育。

知识拓展

爷爷奶奶上幼儿园了

天气渐渐转凉，每个人都在加衣，这种温暖来自体外，那么内心的温度如何来给予呢？在立冬这一天，万花筒幼儿园把宝贝们的爷爷奶奶请到了幼儿园，带爷爷奶奶一起玩，一起做游戏，一起体验幼儿园的课程，童心、童乐、童趣在这一刻得到了一次穿越式的回味，看着这些可爱的爷爷奶奶开怀的笑容，我突然感觉到，这个冬天将变得不再寒冷，因为有万花筒人的陪伴，爱将洒到每一个人的身边，让你温暖，让我温暖，让每个人温暖。

万花筒，真爱不加任何修饰。

“敬老爱老”教育体验活动方案

一、活动主题

“敬老爱老”教育体验活动

二、活动目的

让爷爷奶奶深入了解幼儿园上课的教学模式、教学方法、教学内容，回味童年的童真与乐趣，促进家园共育，同时也加强对幼儿园的宣传。

三、活动准备

（1）教研组商讨适合老年人的课程及所选教具。

（2）挑选合适的组织者（上课老师要有亲和力和组织能力）。

（3）拟定通知：写清楚时间、地点以及需要自备的物品和注意事项（带老花镜）等。

（4）活动环境的准备：选择宽敞、明亮的上课教室；准备好适合老年人坐的桌子、椅子。

四、活动流程

（1）邀请爷爷奶奶入场。

（2）问好环节。“叔叔、阿姨上午好。大家上过幼儿园吗？今天给您一次机会，体验一下上幼儿园的感觉。从现在开始把自己的状态、心态调整到3到6岁年龄孩子的水平，可以吗？”

（3）介绍本次活动的内容及注意事项。“一会儿在上课的过程当中要积极踊跃地回答问题，有问题请举手。”

（4）活动正式开始。

1）走线：老师带着爷爷奶奶走线。（注意事项：跟着老师的动作、听着音乐。）

2）肃静游戏闭眼听声音：“请‘小朋友’们闭上眼睛，认真听一听，你都能听到哪些声音？当老师说挣开眼睛后举手回答。”

3）课前导入：“今天老师带来了一项新的工作：数字与筹码的游戏。‘小朋友’们，你们会数数吗？那我们从1开始数到10，再从10 开始数到1。刚才‘小朋友’说得真棒！现在老师将数到数字1的‘宝宝’请出来，看看‘小朋友’们是不是都认识呢？”依次请出爷爷奶奶，并鼓励其举手回答问题。

4）按数取量：在1到10的数字下面摆上相应数量的筹码。老师先做示范，再请爷爷奶奶做。

5）认识奇偶数。

6）翻盖乐的操作。

五、活动评价

现场采访爷爷奶奶，对刚才的活动的感受。以下是当时采访到的信息：

爷爷：刚才的整个过程很开心，这样的教育方法好，边玩边学。

爷爷：让我们一下还童了。

奶奶：1个小时的时间都没有感觉到就过去了，说明真的很好玩！

爷爷：幼儿园老师真的很厉害，上课时很有亲和力，总之我觉得把孩子送到你们幼儿园，没错！

奶奶：通过这节课，我认识到我们平时的一些观念及教学方法不对，应该和老师学学。

爷爷：原来你们上课是这样上的呀，比我们那时候好多了。

奶奶：我今天学会了做你们这个翻盖乐，回去可以教孙子，孩子再也不会说我不会了。

六、活动反思

体验活动结束后，要认真进行总结，并做好记录归档。

评析：

望子成龙、望女成凤是每个家庭的愿望，但孩子的良好成长不只是幼儿园和学校的事情，还与家庭教育分不开。幼儿园的教育目标是育人，那么如何创设一个良好的育人环境——家园共育的环境呢？大多数父母没有时间，幼儿园想到了爷爷奶奶们作为家园共育的突破口。随着幼教改革的不断深入，家长工作还会向更深、更广的方向开拓，有待于我们今后不断钻研和提高。

图5-2～图5-5为活动精彩瞬间。

图5-2　互动游戏

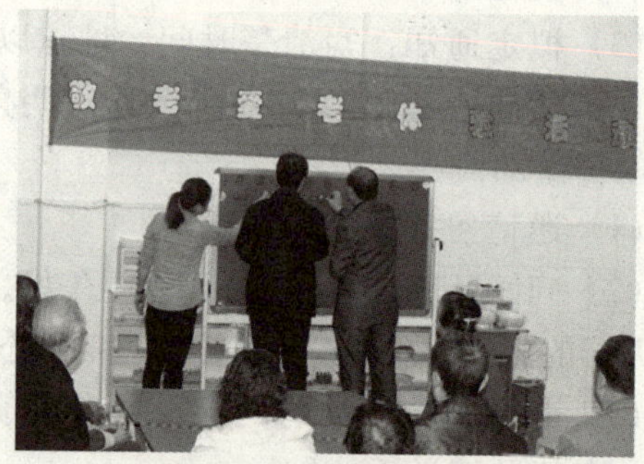

图5-3　知识游戏

图5-4　走蒙氏线

图5-5　做翻盖乐

单元小结

本单元通过学习设计幼儿园家园合作活动方案和撰写幼儿园家长学校的工作计划，让我们了解了幼儿园家长学校工作的基本规律，明确了幼儿园家园共育的重要性。幼儿园教育和家庭教育各有不同的优势，在孩子的健康成长中不可替代。教师要想把家园共育工作真正做好，一定要重视与家长科学有效的沟通。通过沟通，家长与教师能够达成一致的教育目标，统一协调好各自的教育方法，促使家园共育发挥最大的教育效果。

单元检测与练习

1. 假如你是中班的主班教师，春天到了，中班幼儿和家长特别想去郊区踏青游玩，正好幼儿园也有此计划，请设计一个中班家园合作郊游活动方案。

2. 假如你是大（1）班的主班教师，本学期你所带的班级幼儿就要升入小学了，你想针对“大班家长怎样帮助幼儿做好幼小衔接”这一主题组织一系列的家长会，请写出大班系列家长会的工作计划。

学习单元六

协助与参与外联工作

单元概述

本单元所介绍的内容是通过完成“设计幼儿园与社区合作活动方案”和“协助幼儿园预防传染病流行的外联工作”两项任务，了解社区在幼儿发展中的作用和意义、社区在幼儿园教育中的作用以及幼儿园与社区共育的合作方式；了解幼儿园的上级管理部门与机构及其职责，初步了解上级管理部门对幼儿园卫生保健工作的督促检查内容与方法、幼儿园预防传染病流行的报告流程以及幼儿园常见传染病的防控措施。本单元的内容，对培养学生幼儿园管理的大局观、幼儿园管理的法律责任有所帮助，为学生今后走上工作岗位奠定坚实的幼儿园外联管理能力基础。

单元目标

1. 了解幼儿园和社区在儿童教育中的作用。
2. 了解幼儿园与社区合作的活动类型和方式。
3. 了解幼儿园卫生保健工作的管理部门。
4. 掌握设计活动方案的要点。
5. 掌握幼儿园传染病疫情的报告流程和方法。

任务一　设计幼儿园与社区合作活动方案

学习目标

1. 了解幼儿园和社区在幼儿发展中的作用和意义。
2. 了解幼儿园与社区合作的活动类型和方式。
3. 掌握设计活动方案的要点。
4. 掌握常用的排版软件与编排技能。

任务描述

该幼儿园坐落于一个成熟的社区里，幼儿家长普遍具有大学学历，大多数是双职工，接送幼儿的任务通常由老人来承担。老人多数为退休职工，部分人来自于农村，文化程度不高，教育观念也比较陈旧。幼儿园要想做好幼儿教育，不仅要做好园内的保教工作，还要改变老人的教育观念，改善他们的育儿方法。假如你现在是幼儿园园长助理，要与社区共同开办儿童教育咨询服务，请设计一份幼儿园与社区合作活动方案。

任务分析

完成本任务要分析以下几点：

1. 内容：确定所要策划的项目内容，同时进行调查和分析研究。
2. 主题：立意明确，有创意，活动内容要围绕主题进行并尽量精简。
3. 氛围：活动设计有亮点，设计、营造适应主题的活动氛围。
4. 地点与时间：根据活动的具体需求，提前确定活动地点和活动时间。
5. 形式：形式灵活，具有较强的操作性，对活动可能发生的状况要有预知。
6. 资源：幼儿园可提供的资源及社区可利用的资源。
7. 宣传方法：通知单、海报、公众微信推送等多种形式。

知识准备

一、影响儿童发展的生物生态学理论

著名心理学家布朗芬布伦纳认为，儿童的发展受到与其有直接或间接联系的生态环境的制约，这种生态环境是由微观系统、中间系统、外层系统、宏观系统和时代系统相互镶嵌在一起组成的，这些系统中的每一个系统都对儿童的发展有着复杂的生态学意义；各个系统相互联系、相互制约，如图6-1所示。

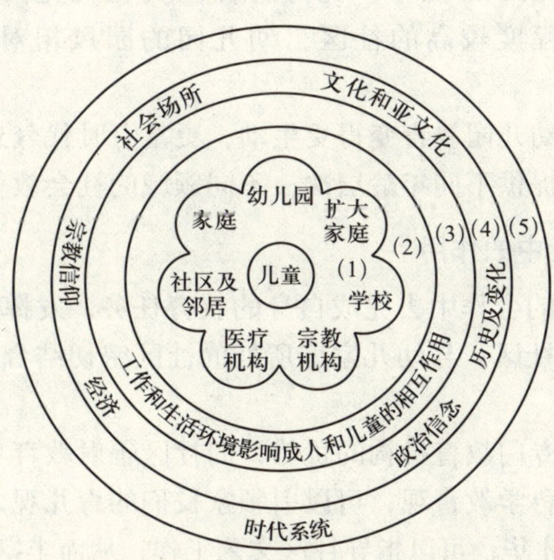

图6-1 生物生态学理论的同心圆模式

（1）微观系统：指儿童生活的场所及其周边环境，如家庭、幼儿园、学校、邻居和社区。

（2）中间系统：指处于微观系统中的两个事物之间的关系或联系，对儿童的发展有很大的影响。

（3）外层系统：它对儿童的发展只有间接影响，如父母的工作场所，这些都会渗透到成人和儿童的相互作用中。

（4）宏观系统：它是指儿童所处的社会文化背景。

（5）时代系统：它主要是指儿童所生活的时代及其所发生的社会历史事件。

从这一同心圆模式中可以看出，儿童的发展过程是其不断地扩展对生态环境认识的过程，微观系统和中间系统对儿童的发展有着直接的影响，尤其是处于微观系统中的两个事物之间的关系或联系，如幼儿园与社区的关系、幼儿园与儿童家庭的关系、邻居之间的关系都对儿童的发展有很大的影响。

二、幼儿园与社区在教育中的作用

1. 社区在儿童教育中的作用

幼儿园不是幼儿学习的唯一场所，教师也不是幼儿获得学习信息的唯一源泉，甚至不是主要源泉。对幼儿来说，大众传播媒介，特别是电视的普及、家庭文化水准的提高、社会人际交往的发展，给他们提供了许多学习途径。幼儿教育事业的发展需要广泛动员社会各方面的力量，幼儿园教育本身的发展也离不开社会力量的支持。社区是社会大环境中与幼儿园关系最密切的部分。社区就是在一定区域里，在生活上相互联系且具有一定社会关系的人群。社区拥有丰富的资源，包括人力资源、物力资源、财力资源、组织资源、设施资源、环境资源和信息资源等。社区不仅是生活生产的场所，也是教育支持的场所。

社区能为幼儿园提供教育所需要的人力、物力、财力、教育场所等多方面的支持。

社区的自然环境和人文环境在幼儿的成长特别是精神成长中有着特殊的意义。社区文化无形地影响着幼儿园的教育，优秀的社区文化更是幼儿园教育的宝贵资源。一般来说，文化和文明程度较高的社区，幼儿园的园风相对较好，教育质量也相对较高。

社区的积极参与将使幼儿园教育变得更生动、更富有时代气息。

社区的各种人才可以提供不同年龄层次、不同领域的社会教育活动。

2. 幼儿园在社区教育中的作用

幼儿园必须在与社区的合作中去完成自身的教育任务，发挥教育在幼儿成长中的导向作用。幼儿园与其所处的社区、与幼儿家庭所处的社区密切结合，共同为幼儿的健康成长服务。

幼儿园在社区中发挥专门教育机构的优势，向社区辐射教育功能。

幼儿园教育专家具有科学教育观，可以引领家长们的育儿观念。

幼儿园教师具有文艺才华，可以指导社区文艺工作，从而丰富社区离退休人员的业余文化生活，如图6-2所示，幼儿园为了给社区老人的日常生活增添一份娱乐，与社区共同举办

“欢庆圣诞，喜迎新年”联欢活动，老人在幼儿园指导教师的指挥下用奥尔夫乐器演奏《拉德斯基进行曲》，娴熟的节拍，流水般的乐感，为本次活动隆重地拉开了帷幕。

图6-2　社区老人在幼儿园教师指挥下演奏《拉德斯基进行曲》

幼儿园教师具有美劳技能，可以指导家长们辅导幼儿手工活动。

幼儿园的户外活动场地和大型游乐设施可以为社区的幼儿提供活动场所，还可以提供操场，为社区幼儿和家长举办游园会，设计组织钓鱼、套圈、打水枪等大量游戏节目，如图6-3所示。

图6-3　幼儿园游园会

幼儿园教师有较高的文化素养，可以为优化社区的文明质量做贡献，如美化幼儿园环境、培养幼儿良好的文明习惯等，为社区精神文明的发展服务，共创幼儿发展的良好社会环境。

三、幼儿园与社区合作活动形式

幼儿园与社区共同合作创办活动，不仅对幼儿在德育、社会性发展等方面有重大意义，而且对幼儿在智力、科学素质、分析和解决问题的综合能力培养方面也有独特的作用，可以大大扩展教育的深度和广度，促进幼儿教育发展。幼儿园与社区的合作是社会发展对幼儿教育提出的客观要求，又是幼儿教育自身发展的内部需求。

幼儿园与社区的共育合作是通过一系列的活动为社区居民提供教育服务。幼儿园园长是幼儿园与社区共育合作的策划者、引领者、宣传者、指导者、组织者、观察者、评价者、反馈者和研究者，幼儿园教师是幼儿园与社区共育的认识者、发现者、设计者、邀请者、行动者、参与者和评价者。

幼儿园可以利用节日资源以及幼儿园附近资源，采取参观游览、操作劳动、玩耍散步等形式走出去，拓宽教育途径，丰富教育形式，开辟儿童活动的天地，从而把更先进的教育理念渗透到社区。

知识链接

1．节日资源

社会性纪念节日：元旦、国际劳动妇女节、国际劳动节、国际儿童节、教师节、国庆节。

民族传统节日：春节、元宵节、清明节、端午节、中秋节、重阳节。

西方节日：母亲节、父亲节、万圣节、感恩节、圣诞节。

2．幼儿园附近资源

公园、图书馆、邮电局、书店报亭、银行、服装店、加油站、车站、医院、养殖场、超市、中西餐馆等。

幼儿园和社区双方都可以把对方的活动纳入到自己的教育内容中去，二者有机地结合起来，相得益彰。如社区支持幼儿园的国际儿童节庆祝活动，为幼儿园输送行业专家志愿者；幼儿园支持社区的重阳节活动，为社区未入园幼儿组织亲子活动，为社区提供专业的家庭教育咨询等。幼儿园与社区合作的活动类型主要有服务性活动和开放性活动。

服务性活动是指幼儿园、家庭、社区以资源共享为目的，相互提供服务的活动，包括教育咨询、图书超市、媒体宣传、家庭访问、送教上门、家长志愿者和成长必备导购，见表6-1。

表6-1　服务性活动的活动形式

教育咨询	幼儿园定期向社区开放，举办家教咨询和个性测量等活动，解决家长在家教过程中的问题，并提出建议和要求
图书超市	幼儿园开辟一个活动室，陈列各种有关幼儿身心发展、教育教学的资料及各类理论书籍等，供家长、社区居民翻阅、观看、借读，同时欢迎他们积极捐赠家教资料和设备，形成家园互通，双向交流
媒体宣传	幼儿园利用园报、宣传栏或社区宣传园地等大众传播媒介向家长宣传家教知识
家庭访问	教师在适当的时候围绕事先确定的目标主动走访家长，真实了解幼儿在家的各种表现，与家长沟通，密切感情
送教上门	针对小区内0～3岁婴幼儿居住相对分散的状况，对婴幼儿采取个别指导的方式，使其接受早期教育
家长志愿者	幼儿园吸收一部分家长和社区志愿者，让他们定期参加一些服务性活动或教育性活动，并承担一些为幼儿园、为家长、为幼儿的服务工作
成长必备导购	推荐经专家审定的符合幼儿年龄特点和目前发展水平，具有智力开发作用的玩教具，提供示范、咨询服务

开放性活动是指幼儿园对外开放，既提供场地，也提供设施，营造温暖、和谐、宽松的教育氛围，吸引家长关心教育，它包括育儿沙龙、亲子俱乐部、参观观摩等，见表6-2。

表6-2　开放性活动的活动形式

育儿沙龙	幼儿园或社区组织并提供场所，确定时间，家长自愿参加，开展各类漫谈、娱乐及聚会等活动；向家长提供各类育儿指导，帮助家长树立正确的育儿观念，掌握科学育儿的知识和方法
亲子俱乐部	这是专门为0～3岁婴幼儿家庭开放的活动场所，为婴幼儿提供各种适宜发展的活动，增进亲子间的情感，使婴幼儿身心和谐发展
参观观摩	幼儿园组织一些活动，向家长、社区居民开放，邀请他们前来观摩，或与他们一起外出参观等，如教学活动开放日、幼儿亲子运动会等

任务实施

步骤一：资源准备。

准备计算机、常用办公软件、常用文具、书、本、存档工具。

步骤二：确定幼儿园与社区合作活动的主题与内容。

活动主题可以与纪念性节日、传统节日和西方节日相关，也可以与环保、爱惜身体或者与行业的纪念日相关，见表6-3。主题要有创意，符合社区教育的需求，活动要围绕主题进行并尽量精简。

表6-3　幼儿园节日活动安排表

月　份	日　期	节日名称	节日活动
1月	1日	元旦	祝贺大家新年好 （制作贺年卡；大家相互祝愿）
2月	正月初一	春节	春节真热闹 （劳动活动；购物活动；娃娃家游戏活动：买年货，打扫卫生，准备食物，发压岁钱）
	正月十五	元宵节	元宵真好吃 （搓元宵、吃元宵）

（续）

月　份	日　期	节日名称	节日活动
3月	3日	爱耳日	我的耳朵真灵 （到儿童保健所检查耳朵，了解护耳知识）
	8日	国际妇女节	女士优先 （参观女性工作场所，慰问女性家长）
	12日	植树节	小树快长高 （参观植物园、街心公园、新村公园）
	14日	国际警察日	长大了我也要当警察 （参观交通岗、公安局）
	21日	世界森林日	森林大世界 （参观果树园、林场，郊游）
	22日	世界水日	神奇的水 （参观养殖场、水库、游泳馆）
	23日	世界气象日	我是气象小姐/先生 （参观气象台，美化班级气象角，模拟气象员）
4月	5日	清明节	安息吧！烈士小英雄 （制作花圈，祭扫烈士墓园，参观纪念馆）
	7日	世界卫生日	讲究卫生 （参观防疫站，改善园内晨检）
	22日	世界地球日	全世界小朋友是一家 （认识地球仪，进行歌舞表演、绘画活动）
5月	1日	国际劳动节	爸爸妈妈真能干 （请不同职业家长穿上职业装来园介绍自己的工作）
	8日	世界红十字日	红十字的“魅力” （参观儿童医院、急救中心）
	12日	国际护士节	白衣天使 （参观护士工作场所，玩医院游戏）
	第二个星期日	母亲节	伟大的母爱 （邀请母亲来园过节，夸夸母亲）
	15日	国际家庭日	我有一个幸福的家 （请到我家玩，我家有……）
	18日	国际博物馆日	学做收藏家 （参观博物馆，整理自己的物品）
	第三个星期日	全国残疾日	帮助残疾人
	第三个星期二	国际牛奶日	我爱喝牛奶 （参观牛场，牛奶加工厂）
	31日	无烟日	请不要吸烟 （幼儿请求吸烟的家长戒烟一日）
6月	1日	国际儿童节	我长大了 （参观玩具店、儿童书店、服装店，为别人做一件事）
	5日	世界环境日	我是环境小卫士 （在班内、园内、小区公共场所捡拾垃圾）
	6日	中国爱眼日	眼睛的作用 （参观医院眼科、眼镜店，了解戴眼镜的烦恼）
	农历五月初五	端午节	粽子真好吃 （讲粽子的故事，学包粽子，品尝粽子）
	第三个星期日	父亲节	爸爸辛苦了 （参观父亲的工作场所，为父亲做一件好事）

（续）

月　份	日　期	节日名称	节日活动
6月	23日	国际奥林匹克日	申奥成功了 （参观体育馆，举办亲子运动会）
7月	1日	国际建筑日	我是建筑师 （参观各种不同的建筑，想象、绘画未来的建筑）
8月	1日	建军节	亲人解放军 （参观军营，观看军事录像带，开展军事游戏活动）
9月	8日	祖父母日	我是爷爷、奶奶、外公、外婆的小助手 （指导幼儿为爷爷、奶奶、外公、外婆做点小事）
	10日	教师节	我们爱老师 （邀请家长来园，教师和家长、幼儿共同活动）
	第三个星期二	国际和平日	我们热爱和平，反对战争 （寻找有武器色彩的玩具和图书，表现自己的情感）
	农历八月十五	中秋节	参观食品店，制作月饼，赏月画月
	27日	世界游游日	我是小小旅行家 （参观银行、旅馆、餐饮店、邮电局、机场）
	最后一个星期日	国际聋人节	我能帮助聋人 （邀请耳朵不太好的祖辈家长来园活动）
10月	1日	国庆节	我是中国人 （亲子看电视、外出游玩）
	4日	世界动物日	我们喜欢小动物 （参观动物园，搭建动物园）
	农历九月初九	重阳节	我们关爱老人 （参观敬老院，请老人来园欢庆）
	15日	国际盲人节	我要帮助盲人 （亲子游戏“瞎子摸象”）
	16日	世界粮食日	要节约粮食 （参观农贸市场、超市粮区、粮店、饭店、农场，学习古诗《悯农》，准备餐点）
	31日	万圣节前夕	（鬼节）猜猜我是谁 （参观服装店、美容美发店，制作衣饰鞋帽，教师、家长和幼儿任意装扮自己）
11月	9日	消防宣传日	勇敢的消防队员 （参观消防站，观看消防队员的活动）
	第四个星期日	感恩节	谢谢大家 （幼儿在园内园外向同伴、教师、家长、社区人士致谢）
12月	3日	世界残疾人日	要关心残疾人 （去看望残疾人）
	25日	圣诞节	圣诞快乐 （制作圣诞树、圣诞卡）

步骤三：制作完成幼儿园与社区合作活动方案。

活动方案除了有明确的主题，还要考虑以下内容：活动目的、经费预算、日期安排、选定场地、人员安排、气氛渲染、商家赞助、流程与规则、宣传等。

例如：“欢庆圣诞　喜迎新年”活动方案。

1．活动前准备

（1）活动名称：“欢庆圣诞　喜迎新年”。

（2）活动组织者：万花筒幼儿园、社区居委会及党支部。

(3) 活动对象：幼儿园全体师生及家长、社区居委会及业主代表、敬老乐团全体成员。

(4) 活动时间：2013年12月25日　上午8:20—10:00

(5) 活动地点：育新中学体育馆。

(6) 活动目的：体验圣诞节新年的节日文化。

感受圣诞节的欢乐气氛。

通过游戏、表演节目等活动享受节日的喜悦。

促进社区人们之间的和谐发展。

(7) 活动人员的安排（略）。

(8) 活动前场地准备（略）。

2. 活动实施阶段的工作（略）。

3. 活动后续阶段的工作（略）。

任务评价

设计幼儿园与社区合作活动方案任务评价单

评价项目	评价标准
知识：幼儿园与社区活动类型 服务性活动的活动形式 开放性活动的活动形式	有服务性活动和开放性活动 有教育咨询、图书超市、媒体宣传、家庭访问、送教上门、家长志愿者、成长必备导购 有育儿沙龙、亲子俱乐部、参观观摩
技能：计算机编辑	用计算机进行编辑
作业形式：电子版	可以用表格形式，也可以用文字描述

任务小结

一份完整的活动方案，既要有与需求相吻合的主题，又要有配套的人力、财力、物力和环境资源，还要考虑各合作单位时间、场地、人员等方面的可行性。了解幼儿园与社区在儿童教育中的作用和意义，以及幼儿园和社区的合作方式，有助于充分调动儿童生活环境的资源，促进儿童的健康发展。通过完成本任务，可以使学生在以后的工作中具有幼儿园与社区合作的意识，深化幼儿园教育。

知识拓展

【活动方案范例】

"与时俱进　全民运动"足球节活动方案

（一）活动名称："与时俱进　全民运动"。

（二）活动组织者：万花筒幼儿园、社区的足球爱好者、京北联盟足球协会。

（三）活动对象：万花筒幼儿园全体师生、社区的足球爱好者、京北联盟足球协会。

（四）活动时间：2014年6月18日　下午14:00—18:30

（五）活动地点：万花筒幼儿园足球场地。

（六）活动目标

1．表达大家对足球的热爱和足球精神的传递，活跃社区的文化气氛。

2．可调动社区成员开展体育运动的积极性，活跃社区的业余文化生活。

3．发展幼儿的体能，增强幼儿的体质。

4．增加社区人与人之间的情感交流。

（七）足球节活动器材准备

1．训练背心300件（2种颜色）。

2．标志碟50个（2种颜色）。

3．足球30个。

4．标志桶25个。

5．条幅、音响、话筒、记分牌、计时器、医药箱、饮用水。

（八）参赛规则

1．队员在指导员的引导下进入各练习区域，并讲解游戏内容及规则。

2．练习15分钟后统一进行顺序轮换。

3．活动过程中指导员时刻注意幼儿安全。

4．指导员要在练习中不断鼓励队员。

5．各项练习具有安全性、趣味性、竞争性。

（九）人员安排

总裁判：1人。

指导员：4人。

参赛人数：共计300人。

分组：成人组：总200人，20人/组，分10组。

　　　幼儿组：总100人，10人/组，分10组。

主持活动开幕：总裁判。

横幅：1人。

摄像、照相：2～4人。

维护活动秩序：各主班教师。

音响师：1人。

场地卫生清理：全体教师（待全体家长和幼儿离园后）。

（十）活动流程

1．万花筒幼儿园操场，操场分为5个版块

成人组先参赛，总共分为5组，每组为一队，每个版块两队同时进行练习，分别穿红色和绿色标志服，每进行完一项活动，红队按顺时针交换场地，绿队按逆时针交换场地。

幼儿组同上。

2．每个活动区域安排1名指导员、2名辅助人员。

3．15分钟进行一次轮换，30分钟补水一次。

（十一）活动效果评价

健康是人类一切活动的基础，也是人的生存之本，拥有一个健康的体魄可以更好地从事各种活动。幼儿阶段是成长发育最迅速的时期，各方面能力的发展和习惯的养成在这个阶段也较为显著。因此，在这个阶段对幼儿实施科学的体育教育尤为重要。幼儿园不仅关注着园所内幼儿的健康，而且致力于社区成员的健康。

2014年，恰逢巴西世界杯，为了表达对足球的热爱，传递足球精神，活跃社区的文化气氛，万花筒幼儿园所在的社区居委会、京北联盟足球协会、万花筒幼儿园三方联手，在万花筒幼儿园的足球场举办了一场主题为“与时俱进　全民运动”的激情世界杯，全社区的小朋友和家长朋友们以及热爱足球的足球迷们都加入了进来，看到这么热闹非凡的场景，万花筒的小球星们也不甘落后，他们用自己的激情与活力上演了一场自己心中的足球杯。如图6-4所示。

图6-4　足球活动

任务二　协助幼儿园预防传染病流行的外联工作

学习目标

1．了解幼儿园卫生保健工作的管理部门。

2．掌握幼儿园传染病疫情的报告流程和方法。

任务描述

幼儿园有专职保健医一名，兼职保健医两名。保健医按幼儿园卫生保健工作规范进行卫生保健的管理。春季是多种传染病的高发时期，目前“手足口病”高发，同时还有其他一些传染病的散发。假设目前有一小班同时发生2例手足口，幼儿园已经加强卫生消毒工作，你现在是一名兼职保健医，要协助专职保健医做好预防传染病流行的外联工作。

知识准备

管理幼儿园卫生保健工作的上级部门及职责

托幼机构的法定代表人和负责人是本机构卫生保健工作的第一责任人，负责幼儿园的全面工作，其主要职责是领导教育、卫生保健以及安全保卫工作。幼儿园医务保健人员对全园幼儿身体健康负责，定期接受当地妇幼保健机构组织的卫生保健专业知识培训，对机构内的工作人员进行卫生知识宣传教育、疾病预防、卫生消毒、膳食营养、食品卫生、饮用水卫生等方面的具体指导。幼儿园园长和保健人员要熟悉相关的监督检查指导部门。属地教育卫生行政部门和机构都有对幼儿园卫生保健工作的监督、检查、指导的管理职权，其管理分工有所侧重，主要有五大行政部门与机构。幼儿园园长和卫生保健人员要按照国家规定的内容、程序向相关部门报告，接受上级的监督和检查指导。

(1) 卫生行政部门：将托幼机构的卫生保健工作作为公共卫生服务的重要内容，加强监督和指导。

(2) 教育行政部门：协助卫生行政部门检查指导托幼机构的卫生保健工作。

(3) 妇幼保健机构：负责对辖区内托幼机构卫生保健工作进行业务指导。

(4) 疾病预防控制机构：定期为托幼机构提供疾病预防控制咨询服务和指导。

(5) 食品药品监督管理部门：依法加强对托幼机构食品安全的指导与监督检查。

任务分析

完成本任务要思考如下问题：

1. 了解幼儿园常见传染病的防治措施，如手足口病、水痘、流行性腮腺炎、猩红热、急性出血性结膜炎、痢疾、麻疹、风疹、传染性肝炎等。

2. 了解与幼儿园卫生保健相关的法规，尤其是传染病防治法。

3. 了解传染病报告的流程以及与幼儿园传染病的防治有关的行政部门。

任务实施

步骤一：资源准备。

准备幼儿园卫生保健法律法规、上级管理部门的通信录、幼儿园卫生保健登记统计资料。

步骤二：幼儿园常见传染病的防治措施。

幼儿园常见传染病有手足口病、水痘、流行性腮腺炎、猩红热、急性出血性结膜炎、痢疾、麻疹、风疹、传染性肝炎。不少传染病在开始发病之前就已经具有了传染性，当发病初期表现出传染病症状的时候传染性最强。因此，对传染病要尽可能早发现、早诊断、早报告、早隔离，及时有效地防止传染病蔓延。传染病的控制在于控制传染源、切断传播途径以及保护易感者三个环节。

1. 早期发现传染源

幼儿因为年龄小，抵抗力差，卫生行为习惯还没有养成，以及幼儿集体生活、一起玩玩具、一起做游戏等原因，如果消毒工作没有做到位，一旦有幼儿发生传染病，极易传染和流行。早期发现传染源可以切断传染源，阻止传染病的流行。

保健医把好“入园关”，严格执行儿童入园和工作人员健康检查和定期体检制度。儿童健康检查合格方可入园，工作人员要到指定妇幼保健机构体检，获得健康证方可来园工作，并且每年要常规体检一次。健康检查不合格的儿童要暂缓入园，健康检查不合格的人员要离开工作岗位。卫生保健人员要加强晨、午、晚检，深入各班巡视全日健康观察；加强查看儿童口腔咽部、手等部位的手足口早期症状以及儿童的精神状态和体温；同时还要检查其他呼吸道常见病的早期症状。如有无故缺席儿童，应及时与家长联系，了解原因，因病缺勤要登记。

发现幼儿患有疑似手足口传染病或者其他传染病，要进行隔离。隔离是指将传染期内的儿童或疑似病原携带者置于不可能传染别人的条件之下，防止病原体向外扩散。隔离期限是按照各种传染病的最长传染期或实验室检查而定的。隔离方式包括住院隔离、病室隔离、家庭隔离。手足口传染病的隔离期限通常是10天。

2. 切断传播途径

切断传播途径的主要方法是讲究个人卫生和环境卫生，以及对传播疾病的媒介生物进行消毒。应针对不同传染病采取相应的方法，切断其传播途径。

（1）切断呼吸道传染病的传播途径：

1）室内定时通风，保持空气新鲜。

2）有条件的可用紫外线灯对空气进行消毒，照射时间≥30分钟/次。

3）传染病流行季节不带儿童去公共场所。

（2）切断消化道传染病的传播途径：

1）培养良好的卫生习惯，饭前便后用肥皂和流动水洗手。

2）定期检查炊事人员、厨房炊具及食品卫生情况，确保饮食卫生。

3）不吃生冷、腐败变质、不洁食物。

4）做好地面、餐桌、餐具、水杯、毛巾消毒工作。

5）消灭蚊蝇、老鼠等传染病媒介。

6）一旦发现传染病病人，做好疫源地的管理和患儿所到之处的终末消毒。

3. 保护易感人群

在传染病流行期间，应该保护易感者，不要让易感者与传染源接触，并且进行预防接种，提高易感人群的抵抗力。

(1) 保健医应掌握园内易感儿童的情况，并登记。对传染病有密切接触史者要进行登记，根据相应情况采取相应措施。

(2) 开展体育活动，加强锻炼，增强体质。

(3) 合理安排生活作息，加强营养，提高抗病能力。

(4) 做好计划免疫工作，增强免疫力。传染病发病季节做好预防投药工作。

(5) 做好疫源地的管理。

步骤三：协助幼儿园预防传染病流行的外联工作。

1. 传染病的报告与登记

幼儿园严格执行传染病管理制度，发现传染病病人或疑似传染病人要早报告。一旦发现传染病病人，保健人员应立即按传染病报告程序逐级报告，并填写传染病登记册。根据不同病种对污染环境及时彻底地做好消毒处理，相关班级要重点消毒管理，做好园内环境卫生、各项日常卫生和消毒工作，控制传染病的续发。幼儿园发现疑似传染病时，疫情报告人应当以最快、最直接的方式向园领导汇报，召集传染病应急小组成员分析状况，做好专册登记，统计人数（患者名单、发病日期、班级分布、主要症状、目前状况、接触史等）。用电话或传真等方式向属地疾病预防控制机构报告，同时向教育行政部门报告。

报告顺序：班级教师→园领导组织排查→疫情报告人→当地疾控中心和教育行政部门。

2. 接受管理部门的检查与指导

幼儿园卫生保健人员要督促教师遵守卫生保健法规，严格执行消毒隔离制度，并且按时记录幼儿园卫生保健登记统计：如晨、午、晚检及全日健康观察记录表，儿童免疫规划疫苗接种情况登记表，幼儿缺勤登记分析表，传染病登记表，传染病发病统计表，疾病与传染病防控工作登记，班级卫生消毒检查记录表等。幼儿园保健人员随时准备好资料接受管理部门和机构的检查，并接受相关业务培训与指导，做好传染病的预防与管理。

任务评价

协助幼儿园预防传染病流行的外联工作任务评价单

评价项目	评价标准
知识：传染病的种类 传染病的防控措施 幼儿园卫生保健工作的管理部门	了解传染病法规定的甲、乙、丙三类传染病 了解幼儿园常见传染病的防治办法：早发现、早诊断、早报告、早隔离，保护易感人群，防止传染病蔓延 了解卫生行政部门、教育行政部门、妇幼保健机构、疾病预防控制机构、食品药品监督管理部门的职责及与幼儿园的管理工作的关系
技能：报告传染病的流程	掌握传染病报告的流程
作业形式：书面	幼儿园传染病流行的报告方式

任务小结

幼儿园外联工作是幼儿园园长的主要工作内容之一，外联工作技巧是园长的必备能力之一。外联工作能力不仅影响到幼儿园的形象，还会影响幼儿园对应急事件及时有效的处理。学生通过完成本任务，能够了解一些幼儿园管理的外联工作的内容和方法，增强幼儿园管理的法制观和责任心。

知识拓展

幼儿园卫生保健登记统计

幼儿园卫生保健要根据国家的法律法规要求落到实处，常用的幼儿园卫生保健登记工作见表6-4～表6-7。

表6-4 儿童入园（所）健康检查表

姓名		性别		年龄		出生日期		年 月 日
既往病史	1．先天性心脏病	2．癫痫	3．高热惊厥	4．哮喘	5．其他			
过敏史				儿童家长确认签名				
体格检查	体重	kg	评价	身长（高）	cm	评价	皮肤	
	眼	左 右	视力	左 右	耳	左 右	口腔	牙齿数 龋齿数
	头颅		胸廓		脊柱四肢		咽部	
	心肺		肝脾		外生殖器		其他	
辅助检查	血红蛋白（Hb）			丙氨酸氨基转移酶（ALT）				
	其他							
检查结果				医生意见				

医生签名：　　　　　　　　　　检查单位：

体检日期：　　年　　月　　日　　　　　　（检查单位盖章）

表6-5　托幼机构工作人员健康检查表

<table>
<tr><td>姓名</td><td></td><td>性别</td><td></td><td>年龄</td><td></td><td>婚否</td><td></td><td>编号</td><td></td><td rowspan="4">照片</td></tr>
<tr><td>单位</td><td colspan="3"></td><td>岗位</td><td colspan="3"></td><td>民族</td><td></td></tr>
<tr><td>既往史</td><td colspan="9">1．肝炎（甲肝、戊肝等消化道传染病）　2．结核　3．皮肤病
4．性传播性疾病　5．精神病　6．其他
受检者确认签字：________</td></tr>
<tr><td colspan="2">身份证号</td><td colspan="8"></td></tr>
<tr><td rowspan="2">体格检查</td><td>血压</td><td colspan="2"></td><td>心肺</td><td colspan="3"></td><td>肝脾</td><td colspan="2"></td></tr>
<tr><td>皮肤</td><td colspan="2"></td><td>五官</td><td colspan="3"></td><td>其他</td><td colspan="2"></td></tr>
<tr><td rowspan="3">化验检查</td><td>丙氨酸氨基转移酶（ALT）</td><td colspan="3"></td><td>滴虫</td><td colspan="5"></td></tr>
<tr><td>淋球菌</td><td colspan="3"></td><td>梅毒螺旋体</td><td colspan="5"></td></tr>
<tr><td>外阴阴道假丝酵母菌（念珠菌）</td><td colspan="3"></td><td>其他</td><td colspan="5"></td></tr>
<tr><td colspan="2">胸片检查</td><td colspan="9"></td></tr>
<tr><td colspan="2">其他检查</td><td colspan="9"></td></tr>
<tr><td>检查结果</td><td colspan="3"></td><td>医生意见</td><td colspan="6"></td></tr>
</table>

医生签名：　　　　　　　　　　　　检查单位：

体检日期：　　年　　月　　日　　　　（检查单位盖章）

注：1．滴虫、外阴阴道假丝酵母菌指妇科检查项目。

2．胸片检查只限于上岗前及上岗后出现呼吸系统疑似症状者。

3．凡体检合格者，由健康检查单位签发健康合格证。

表6-6 晨、午、晚检及全日健康观察记录表

日期	姓名	班级	晨、午、晚检及全日健康观察		诊断	处理	检查者
			症状或家长主诉	体征			

注：记录晨、午、晚检和全日健康观察中发现的儿童异常情况。

表6-7 儿童传染病登记表

姓名	性别	年龄	发病日期	传染病名称											诊断单位	诊断日期	处置
				手足口病	水痘	流行性腮腺炎	猩红热	急性出血性结膜炎	痢疾	麻疹	风疹	传染性肝炎	其他				
合计																	

注：患某种传染病在该栏内打“√”。

单元小结

本单元学习了幼儿园与社区合作的意义和活动方式，管理幼儿园卫生保健的上级部门与机构，明确了幼儿园和社区在儿童教育中的意义；感受到了幼儿园与社区合作的活动类型和方式；了解了幼儿园卫生保健工作的管理部门及其职责；体会到了外联工作的重要性和基本方法，并能设计幼儿园与社区合作的活动方案。

单元检测与练习

1. 影响儿童发展的生物生态学理论的同心圆模式是什么？
2. 幼儿园和社区共育的合作方式有哪些？
3. 幼儿园卫生保健工作的管理部门有哪些？其职责是什么？
4. 幼儿园传染病流行的报告流程是什么？
5. 如何切断呼吸道传染病和消化道传染病的传播途径，从而阻止传染病的蔓延？

参考文献

[1] 李生兰．学前儿童家庭教育[M]．上海：华东师范大学出版社，2006．

[2] 李生兰．幼儿园与家庭、社区合作共育研究[M]．上海：华东师范大学出版社，2013．

[3] 何桂香．幼儿园家长工作指导[M]．北京：北京师范大学出版社，2012．

[4] 刘艳珍，马鹰．幼儿园组织与管理[M]．北京：北京师范大学出版社，2012．

[5] 汪秋萍，陈琪．家园沟通实用技巧[M]．上海：华东师范大学出版社，2013．

[6] 姚攀峰．科学地震逃生[M]．北京：中国建筑工业出版社，2012．

[7] 晏红．幼儿教师与家长沟通之道[M]．北京：中国轻工业出版社，2013．

[8] 晏红．幼儿园家庭教育指导形式与方法[M]．北京：中国轻工业出版社，2013．

[9] 尹坚勤，管旅华．《幼儿园教师专业标准（试行）》案例式解读[M]．上海：华东师范大学出版社，2013．

[10] 张燕．幼儿园管理[M]．北京：北京师范大学出版社，2012．

[11] 张佩斌，朱宗涵．儿童伤害预防与急救[M]．北京：人民卫生出版社，2010．

[12] 中国营养学会妇幼分会．中国孕期、哺乳期妇女和0～6岁儿童膳食指南[M]．北京：人民卫生出版社，2010．

[13] 中国营养学会．中国居民膳食营养素参考摄入量[M]．北京：中国轻工业出版社，2014．